嘉禾天宝

嘉善县博物馆馆藏文物精选

JIAHUATIANBAOJIASHANXIANBOWUGUANGUANCANGWENWUJINGXUAN

嘉善县博物馆　编

文物出版社

封面题字　鲍贤伦
封面设计　周小玮
责任编辑　张　玮
责任印制　王少华
摄　　影　郑　华

图书在版编目（CIP）数据

嘉华天宝：嘉善县博物馆馆藏文物精选／朱殷治主编；
嘉善县博物馆编.－北京：文物出版社，2009.7
　ISBN 978-7-5010-2673-9

　Ⅰ.嘉…Ⅱ.①朱…②嘉…Ⅲ.博物馆－历史文物－嘉
善县－图集 Ⅳ.K872.554.2

中国版本图书馆CIP数据核字（2009）第111835号

嘉华天宝
嘉善县博物馆馆藏文物精选

嘉善县博物馆　编

文物出版社出版发行
（北京市东直门内北小街2号楼）
邮 政 编 码：１０００００７
http://www.wenwu.com
E-mail:web@wenwu.com

北京秋雨设计制版有限公司制版
北京君升印刷有限公司印刷
新 华 书 店 经 销
889×1194毫米　1/16　印张：13
2009年7月第1版　2009年7月第1次印刷
ISBN 978-7-5010-2673-9　定价：180.00元

嘉華天寶

《嘉华天宝—嘉善县博物馆馆藏文物精选》

编　委　会

主　编　朱殷治

副主编　钱　俊　　吴静康

编　委　王　畅　　沈炳洪

　　　　盛咏梅　　潘晓虹

　　　　黄怡佳　　江月珍

前　　言

一

　　浙江省嘉善县地处太湖流域杭嘉湖平原，全境总面积506平方公里，江南水乡，风光绮丽。

　　明宣德五年（1430）嘉善建县，建县前，隶属嘉兴。嘉兴春秋时属吴境，吴亡入越，越灭入楚。唐贞观初属苏州，天宝初属华亭（今上海松江），宋、元属杭州。

　　嘉善处在上海、杭州、苏州三大城市的交汇中心，其文化传承以吴文化为基础，同时兼容了越文化和楚文化。

　　嘉善历史，可追溯到六千多年前，境内新石器时代大往遗址与嘉兴马家浜遗址遥相呼应，是浙江省确证有马家浜－崧泽－良渚－马桥完整史前文化序列的遗址之一，对研究嘉兴地区原始社会文化历史递进，提供了实物依据。1989年，由省人民政府公布为省级重点文物保护单位。

　　嘉善民风淳朴、善良好客、崇尚文化，历史上曾经产生了一大批文化名人，其中以唐代名相陆贽，北宋学者陈舜俞，元代画家吴镇，明代大学士钱士升及支大纶、袁黄、陆埏、魏大中、魏学洢，清代钱以垲、柯煜、曹庭栋等30余人最为著名。梅花道人吴镇在中国绘画史上具有崇高的地位。明代袁黄于道德伦理有不凡建树。

　　柳洲词派是明末清初三大词派之一。柳洲，是嘉善北门外一处景点所在，明崇祯间以曹尔堪为首的八子，每月于此会文，争相赋长短句，是为柳洲词派之滥觞。此词派至清顺治年间余韵不绝，至今仍为中外词坛研究者所瞩目。

　　明、清两代，嘉善人口不过20来万，而荣登进士榜者达187名，其中巍科人物11人次（状元2、榜眼1、探花1、传胪4、会元3），为全国出巍科人物最多的26个县之一。

　　清乾隆年间编纂的《四库全书》，收有嘉善历代文化名人著述50种、360多卷，此乃嘉善历史上一大文化景观。

　　元明之际，嘉善民间多项手工艺品制造，独领全国风骚。最著名的是西塘剔红（雕漆器）、铸银工艺和织绢。张成、杨茂的雕漆技艺，达到了元代漆器制造的顶峰，北京故宫收藏的栀子纹样剔红漆盘是张成的代表作。元嘉善魏塘人朱碧山是铸银工艺的高手，其银槎杯今属国宝级文物。元魏塘宓氏织绢，为书画家青睐，人称"宓机绢"，名扬四海。

　　江南文化的传统道德观念，凝炼出秀美、细腻、柔和、智巧、淡泊的社会文化特征，且具有较强的开放性、稳定性和兼容性。正缘于此，嘉善千百年来文明繁荣昌盛、历久不衰。

二

《嘉华天宝——嘉善县博物馆馆藏文物精选》分石器、陶瓷器、玉器、铜器、书画等章。

新石器时代，出现了经磨制的、具有一定形状和功用的石器。

大往遗址出土的石器有石钺、石斧、石锛、石凿、柳叶型石镞、石刀、双面刃破土器等；独圩遗址有石凿出土；小横港遗址有砺石、石镞出土；张安村遗址有双面刃破土器、耘田器、石镞出土。

陶器发明于新石器时代，利用粘土等材质来制作。

大往遗址陶片极为丰富，出土有泥质灰陶及夹砂灰红陶残片。属马家浜文化的器物有腰沿釜、牛鼻式器耳等；属崧泽文化的器物有弦纹陶瓮、豆盘、瓦形鼎足等；属良渚文化的器物有丁字形鼎足、鱼鳍形鼎足等；属马桥文化的器物有凹底罐、鸭形尊等。从纹饰来看，有绳纹、条纹、云雷纹、大方格纹等。还出土有原始青瓷片。

独圩遗址出土陶器残片，有直口筒形腰沿釜、浅盘式口筒形腰沿釜、牛鼻式器耳、牛鼻式器盖纽、豆把、锥形双目把手等器物。

小横港遗址出土陶器残片，有浅盘式弧腹腰沿釜、鼎、罐、豆、猪鼻形支座、双目式鼎足、牛鼻式器耳等。

张安村遗址出土有凸弦纹大陶罐、圈足盘、罐、丁字形鼎足、盆、钵、豆等。

大舜新港遗址出土良渚文化木井，（古木井，1982年4月在西塘镇大舜村出土。此井用巨型杉木剖开掏空树心再用木榫拼合而成，足见古人之聪慧。尧始教人掘井，大舜村古木井的发现，说明境内先民早在三千余年前，就有注意饮水卫生的良好习惯。）内有黑陶单把罐1件，陶尊1件和鬲足残片，井南50米田中出土零星印纹陶片。

馆藏玉琮，其中一件，青绿色夹灰白斑，器表几无光泽感。高柱体，上大下小，中间对钻孔，孔内壁管钻错位留有台痕。琮表面雕琢十节简化神人兽面纹。这件玉琮在上射口的一个侧面，以阴线琢刻月牙形刻符。有刻符玉琮，迄今为止发现的不多，在世界范围内也仅十余件。

明玉印"国相之印"，1973年冬在疏浚魏塘河道时从淤泥中出土。国相者，据考证为明末邑人状元钱士升，官至东阁大学士（明不设宰相，此职相当于宰相）。

中国进入初期的青铜时代，大约在公元前二千年左右。

馆藏东周兵器青铜矛，1962年出土于嘉善县城之北城门城墙土中。双面刃，身部中间起脊，脊两侧饰纹样，拟似文字，不可释读。"文字"上方有一拱形单耳，骹的侧面呈马鞍形，正面呈圆形。

南明铜印，1987年凤桐桥港村出土。印面呈长方形，杙纽，印面刻阳文叠篆书"总理两淮盐法兼督江防军务关防"14字，印体一侧阴刻楷书"弘光元年（1644－《嘉善县志》原注，似误，《辞海》作1645）四月日"七字。印背纽两侧阴刻楷书款，右款14字，内容同印面文字，左款为"敕字五百十四号礼部造"10字。此印与"国相之印"及馆藏另一方"鲁王之玺"皆可作为研究明史之实物。

书画为嘉善博物馆收藏品之大宗，以明代沈士充作品最佳。近现代书画家作品数量相当可观。

《秋峦飞瀑图》轴，明沈士充，纸本中堂。水墨写山峦，皴法浑厚苍劲，极富变化，楼宇林木着淡赭色，图中画人物三，近者处左下角，正策杖缓行于山道，中部一人靠右边，端坐于草庐之中，另一人头戴斗笠，正向山中深寺进发。沈士充，明万历、崇祯年间松江人，出宋懋晋之门，兼师赵左，山水皴染淹滋，万历间名重一时。

《墨菜图》轴，明袁褧，纸本。袁褧，号谢湖居士，嘉靖间（公元16世纪）吴县（今江苏苏州）人，诸生贡太学，工诗文书画，书尤俊迈，法米芾，与文征明齐名，画山水潇洒，林丘掩映，任意写折枝花朵饶有生趣。

《山水图》轴，明张裕，绢本中堂，近景画松柏、房舍、小桥，中景层峦起伏，山居中一红衣高士作吟诵状。淡墨皴擦，树法用梅花点。此点法吴镇喜用，后人遂称梅花点。

《兰竹图》轴，清曹庭栋，纸本，水墨。曹廷栋，字楷人，魏塘人，诸生。天性恬淡，以艺事自娱，写兰竹不拘古法，墨彩华鲜，丰神圆朗，一时罕匹。六十以后杜门著述，绘事之外，弹琴、赋诗、摹写篆、隶，以抒寂寥。

《富贵满堂福禄寿全》屏，清陆宙种，绢本，设色，十二条屏（其中一秋屏佚，实存十一）。此屏为经意之作。一、玉兰牡丹白头翁；二、桃花燕子；三、鹌鹑石笋；四、紫藤游鱼；五、鹭鸶鸣蝉；六、猫蝶石榴；七、海棠锦葵；八、芙蓉白兔；九、（寒雁芦花？佚）；十、八哥腊梅；十一、仙鹤月季；十二、松兰鹿芝。陆宙种，字步衡，号渔六，浙江平湖人，家世显贵，不乐仕进，善画金碧山水，花鸟近陈道复，兼工人物。尝馆松江张照（1691－1745）家，每画照则为题词，人称"双绝"。

《紫绶金章图》轴，虚谷，俗姓朱，名怀仁，新安人，居扬州，往来于上海及苏州之间，为"海上画派"四大家之一。

《荷花鸳鸯图》轴，王震，浙江吴兴人，寓上海，画风气势雄浑，醇茂中寓以虚灵，号白龙山人，著名沪上。

《猛虎图》轴，张善孖，纸本，设色。善孖号虎痴，少年从母学画，曾投李瑞清门下。1917年与弟大千东渡日本，回国后曾为上海美专教授。善画山水、花卉、走兽，尤以画虎称雄于世。五十寿宴设于嘉善南门来青堂，书画家黄宾虹、马贻、丁六阳、蔡清、陈运培、龚铁梅、钱漱仁、熊庚昌、张充仁、贺天健、胡兆禧、洪畿、胡岩、熊赛英等四十余人前来致贺，一时苏、沪、杭名家云集，传为佳话。

《抚松盘桓图》轴，张大千，纸本，水墨。张大千四川内江人。少从母习画，青年时随兄张善孖到日本学染织。回国后师曾熙习书法。因念亡妻谢氏（未婚），深感人生无常，21岁在松江（今属上海）禅定寺落发为僧，法号"大千"，后被胞兄善孖寻获押回内江还俗成婚。从李瑞清习诗文书画，以法号行。擅画山水、花卉、人物。三十年代与齐白石齐名，并称"南张北齐"。所临石涛，几可乱真。系当今世界知名画家，此件画陶渊明"抚松盘桓"诗意。

《张大千自画像》镜心，张大千，绢本，水墨。

民国17年（1928），先生率眷迁居嘉善城内南门陈士帆新建之来青堂。属意梅花道人，六年间曾多次晋谒吴镇墓。深居简出，所蓄胡须长尺许，人称美髯公，地方文人争相拜访，先生常作书画馈赠友朋。1933年5月，先生于来青堂作《黄山图》。兴来下厨做菜款客，其烹调手艺非比寻常。

19世纪中叶以后，随着上海成为近代中国经济、文化中心地位的确立，吸引了各地画坛名家云集沪上，各施所能，逐渐形成"海上画派"。当时寓居上海的名画家有虚谷、蒲华、任熊、任薰、任颐（伯年）、胡公寿、高邕之、顾鹤庆、吴昌硕、倪墨耕等人，他们大都平民出身，以卖画为业，创作题材丰富，画面清新通俗，深受工商人士和平民阶层的欢迎。其遗风流被，影响至今。他们的作品在今天的书画艺术市场上仍占有很大的份额。其中吴昌硕、赵之谦、虚谷、蒲华四家强调画法如书法，书画同源，以书法笔法应用于绘画形质，力促笔墨的老辣古朴。我馆所藏海派作品颇多，不再一一。

书迹以康有为、杨守敬、吴昌硕、蒲华四家为最。

藏扇亦是我馆一大特色，赵时棡、吴湖帆、齐白石皆为精品力作。

三

嘉善博物馆始建于1986年。馆藏文物，一是来自考古挖掘，二是来自民间征集，三是来自私人捐赠，四是来自因清退无主认领而归公的查抄物资。新中国成立以后，党和政府十分重视文物工作。全县现有大往遗址、吴镇墓等省级文物保护单位3处，流庆桥、西园、独圩遗址等县级文物保护单位33处。祥符荡石坝、船坞等县级文物保护点23处。

我县在考古挖掘方面，历年来对在农村平整土地中发现的古墓葬，大多进行了清理，使金银首饰（如金丝发罩）及丝绸衣料得以保存。1985年，省考古队对大往圩进行考古挖掘，出土了一批属于马家浜、崧泽、良渚和马桥各文化时期的石器、陶器、铜器等。

县博物馆的民间征集物品，一些是在疏浚魏塘河道时从淤泥中出土的文物，如宋瓷碗、玉印等，另一些是在三次文物普查中征得，如瓷器等。

私人捐赠的文物，是县博物馆馆藏物品的重要组成部分，其中尤以乡贤、文史学者张天方先生捐赠最多；如我馆之玉琮、玉璧、铜镜等物。张天方先生早年就读法国巴黎文学院，博通经史，热衷考古，足迹遍及江南，所得文物颇丰。先生在《浙西古迹》一文中谈及他于上海收购的玉器，均出土于嘉兴双桥，我馆之玉琮当属"双桥土"。有大致明确的出土地点，这无疑为研究良渚文化玉器，提供了十分重要的资讯。

香港万春先生热爱乡邦文物，1989年和1994年曾两度出资供修缮梅花庵和新辟梅园之用，并捐赠花重金购买的山水画《平林野水图》（吴镇款）巨幅镜心。

本邑江蔚云、卓士浩、胡纪行诸先生将收藏或创作的书画割爱捐赠，亦丰富了我馆藏品。

在文化大革命中，一些私家物资被查抄，其中有属于文物的，文革结束后，党和政府拨乱反正，曾发文将查抄文物发还给事主，其中大部分已物归原主，有一部分因无人认领，遂由县政府发文，入藏县博物馆。

嘉善历史悠久，文化灿烂，文化遗存较多。为了光前裕后，再创传统文化之辉煌，我们特地精心挑选部分具有较高文化价值、包含较多历史信息的藏品，编成《嘉华天宝——嘉善县博物馆馆藏文物精选》一书，奉献给关心、支持我县文博事业的社会各界。我们真诚希望，我县的文博事业在社会主义文化发展繁荣过程中，能够发挥积极的作用。

编者
2009年7月

图 版 目 录

石器

新石器时代　石钺
长13、宽10.5厘米
　　长方形，弧刃，顶端不平整。上部孔为对钻。

新石器时代　石钺

长13.8、宽16厘米

扁平近方形，刃部有使用的崩
茬。上部孔为对钻。

新石器时代　石钺

长15.1、宽8厘米

　　平面为长方形,刃部破损。上
部孔为桯钻。

新石器时代　石斧

长12.2、宽7.1厘米

　　长条形，弧刃，断面为扁圆形。

新石器时代　石镞

长9、宽2.8厘米

　　柳叶形，断面菱形。

新石器时代　石镞

长6.7、宽2.2厘米

　　柳叶形，断面菱形。

新石器时代　石镞

长9.5厘米

　　柳叶形，断面菱形，铤残。

新石器时代　石凿

长8.5厘米

　　长条形，部分器表不甚光洁。

新石器时代　石凿

长8.5、宽1.3厘米

　　细长条形。

新石器时代　破土器

器高20.8、宽23厘米

　　略成三角形，上端有柄，下端
刃部平直。

新石器时代　石刀（耘田器）

宽14.2、高6.8厘米

　　平面略成三角形，两翼略向后
掠，上端中部钻孔，弧刃。

新石器时代　双肩石铲

高12.3、宽9.6厘米

平面略成长方形,弧刃。

陶瓷器

新石器时代　灰陶罐

高26.5、口径30.8厘米

　　敞口，鼓腹折肩，下腹部斜收。折肩处有一周附加堆纹，肩部刻纹。

新石器时代 灰陶瓮

通高46、口径25厘米。

大敞口，广肩，微鼓腹，平底。
腹部四组弦纹。

新石器时代　灰陶双鼻壶

高11.2、口径7.1厘米

长颈, 圆鼓腹, 矮圈足。

新石器时代　灰陶豆

高6.8、口径20厘米

　　微敛口，浅盘，矮圈足，圈足
有两个未穿透圆孔。整器烧制略
有变形。

马桥文化　灰陶豆

高10、口径13.3厘米

　　翻沿，高圈足，圈足上有小圆
孔，腹外壁两道凹弦纹。

马桥文化　硬陶罐

高15.2、口径10.5厘米

　　橙红陶，敞口，鼓腹，凹圈底。通体拍印长条格纹，口沿内壁有刻划。

晋　青瓷碗

高5.4、口径15.5厘米

　　青釉，敞口，浅腹，平底。下腹及底外壁露胎，内底七个支钉痕。

宋　吉州窑剪贴花瓷碗

高6.4、口径15.8厘米

　　口微敛，斜收腹，矮圈足。施黑釉，下腹及底外壁露胎。内壁三个剪贴凤凰，内底一朵牡丹花。有窑变斑点。

宋　影青刻花瓷碗

高6.4、口径19厘米

　　敞口，浅腹，矮圈足。内壁有
刻划花纹，底部和圈足露胎。

宋　磁州窑梅瓶

通高28.5、口径5.7厘米

　　小口，广肩，矮圈足，露灰白胎。施黑釉，刮釉露胎形成花纹。颈部有三朵梅花，肩部及近底部各有六朵梅花，腹部有两周灰白底黑釉连枝纹牡丹

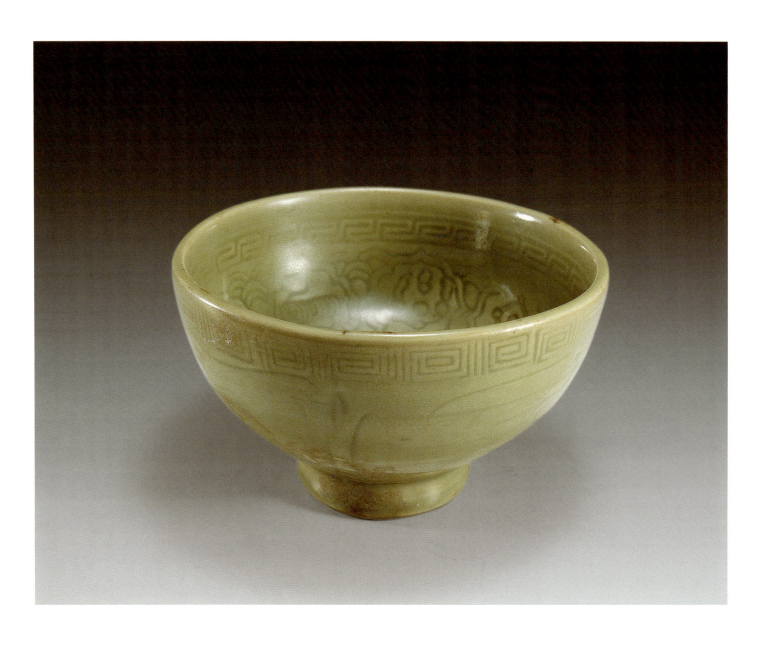

明 龙泉窑青瓷碗

高9.1、口径15.5厘米

　　近直口，深腹，矮圈足。内底
及圈足露胎。内外壁各刻有纹饰。

明　白瓷枕

长31、高15.5厘米

　　长方体，中部略凹，除两侧外素面，平底。施乳白釉，两侧面绘有菊花图案。

明　青花开光人物缸
高25.6、口径31.2厘米

　　微敛口，宽平沿，鼓腹，假圈足
平底露胎。平沿上有一周连环纹，
腹外壁四周青花花纹，最上是连
圈，第二周梅竹，开光画花鸟和蝴
蝶，第三周菊花连枝纹，开光画人
物和花鸟，最下为斜方格环纹，开
光画蝴蝶。

明 青花瓷罐

通高14、口径5.5厘米

　　直口，鼓腹，斜收腹，平底，覆盘形缠枝花卉纹盖。俗称"将军罐"。釉色较暗，盖面为莲瓣纹，肩部为云纹，腹部为茶花纹样，下部为莲花瓣。

明　龙泉窑青瓷梅瓶

高25、口径5厘米

　　口微敞，直颈，溜肩微鼓腹，
矮圈足。内外施釉，底露胎。肩部
刻划花瓣，腹部为网格纹，最下部
为莲瓣。

清　蓝釉盘

高4.6、口径23.6厘米

　　敞口，浅盘，矮圈足。内外施
蓝釉，内底施白釉。内壁有刻花
纹。

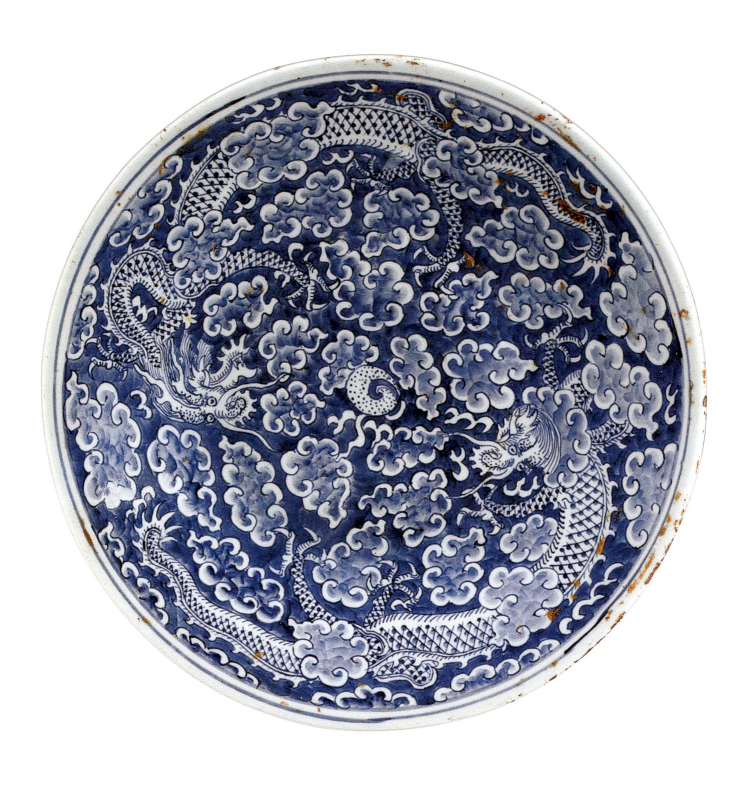

清　双龙纹青花盘

高4.8、口径34.3厘米

　　浅盘，矮圈足。盘内壁青花双龙及团云纹样。盘外壁三组植物纹。

清　仿哥窑双耳炉

高9.5、口径20.3厘米

　　敞口，鼓腹，矮圈足，釉面开
片。肩腹部对称兽首双耳。

清　青花福禄寿人物瓷碗
高6.2、口径20.1厘米
　　敞口，浅腹，矮圈足。内底青花
松树、鹿等，外壁人物、山水等。

清　青花龙纹瓷壶
通高15.8、口径4.2厘米
　　直口，短颈，圆肩，直腹，圈足
外撇，曲流，提梁柄，桥形纽盖。
腹部青花龙纹。

清　绿釉青花象耳瓷瓶

高32.8、口径13.4厘米

　　花形折沿敞口、细颈、广折肩,腹
斜收、矮圈足。颈部对称一对象耳。

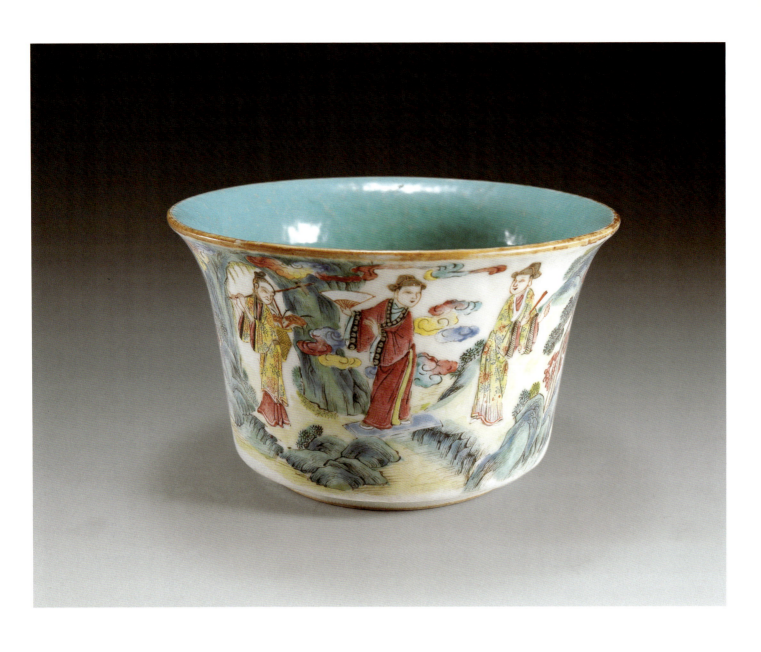

清 粉彩人物瓷盆

高8.8、口径14.9厘米

　　敞口，直腹，矮圈足，外壁彩
色绘人物、山水等。底有"大清道
光年制"款。

小盅高3.5、口径5、底径2.7厘米

一组五件大小依次,方形斗状套装。口沿青花装饰,外壁画莲花。

清　青花套盅

大盅高4.8、口径9.7、底径5厘米

小盅高3.5、口径5、底径2.7厘米

　　一组五件大小依次,方形斗状套装。口沿青花装饰,外壁画莲花。

清 青花山水印泥瓷盒

通高8厘米、口径14厘米

　　子母口，浅腹，矮圈足。覆盘
形盖。口沿及盖沿的外壁各有一周
青花缠枝。盖面青花山水、人物、
亭台楼阁等。底有"大清雍正年
制"款。

清　仿哥窑双耳瓷洗

高4.5、口径9.3厘米

　　宽沿，短颈，扁鼓腹。平底露
胎，乳钉状三足。肩部对称环耳。
釉面开片。

清　嵌人物画五彩瓶

高15.8、口径8.7厘米

　　敞口，细颈，溜肩，垂腹，矮圈
足。外表红釉，内壁及圈足内底白
釉。腹部开光绘人物及松、石。

清　粉彩瓷壶

通高9.5、口径4.6厘米

　　垂囊形，矮圈足，曲流，环形把。施黄釉，绘五彩缠枝花。

清　青花梅瓶

高10.7、口径1.6厘米

　　圆唇，细直颈，丰肩，肩以下内收，圈足露胎。颈部青花云纹，腹部缠枝花。

清 竹节浮雕帽筒

高28.2、口径11.7厘米

圆筒形，平底。褐釉，彩色花
瓶及莲花和三戟。

清　青花人物筒瓶

高47.6、口径13厘米

　　敞口，粗颈，直腹。白釉，青花
人物及庭院景色。

清　青花瓷碗
高6.1、口径13厘米
　　敞口，斜腹，矮圈足。口沿内壁一周青花纹，内底青花水草，腹外壁莲花水草、鱼。底有"长命富贵"款。

清　青花釉里红人物瓷瓶
高7.8、口径2厘米
　　平唇，直口，溜肩，微鼓腹，矮圈足。肩、腹部青花人物，红釉点缀。

清　高足五彩瓷盘
高5.4、口径12.4厘米
　　敞口，斜宽沿，口沿外缘呈花
瓣形，浅腹，高圈足。内外壁红、
绿釉绘花卉。

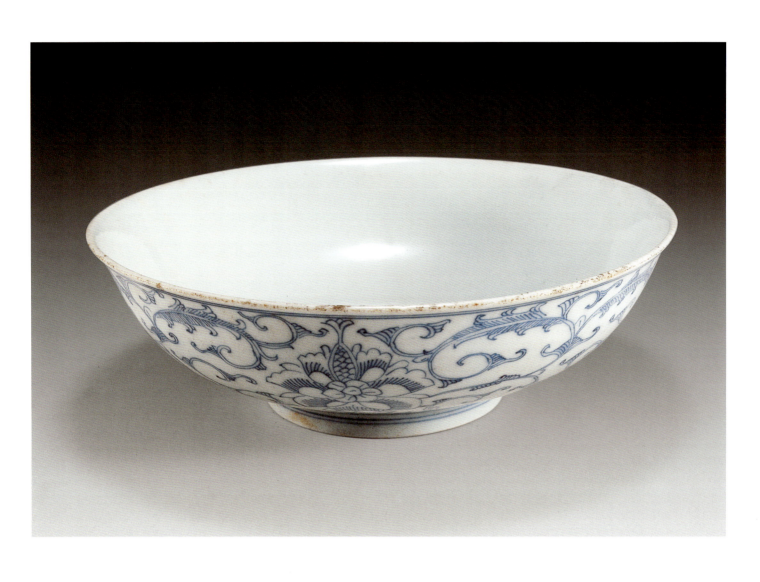

清　青花瓷碗

高6.3、口径20厘米

　　敞口，弧腹，矮圈足外撇。腹
外壁青花缠枝花纹。底有"大清嘉
庆年制"款。

清　粉彩人物瓷碗

高8.8、口径12.5厘米

　　侈口，深腹，矮圈足。碗壁为瓦楞形，外壁彩釉红绘红楼梦金陵十二钗人物。

清 青花瓷碗

高3、口径7.1厘米

　　直口，深腹，矮圈足。外壁青
花绘花草。

清　青花瓷盘

高5.7、口径27.4厘米

　　敞口，浅腹，矮圈足露褐胎。釉
面开片。盘内青花松树、鹿、蝙蝠。

清　青花龙瓷盆

高6.2厘米、口径28.7厘米

　　敞口，浅腹，矮圈足露胎。内壁青花龙，腹外壁亦是青花龙。

清　青花瓷盘

高3.1、口径19.9厘米

　　浅盘，矮圈足露胎。内壁青花
缠枝花。底有"大清乾隆年制"款。

清　青花瓷盘

高3.2、口径29厘米

　　浅盘，宽平沿，矮圈足。沿面三组青花花卉，盘面青花孔雀、牡丹。

清　青花山水瓷盆

高5.8、口径28.2厘米

　　敞口，浅腹，矮圈足。上腹部镂空，口沿内外各一周青花纹带，下腹外壁一周缠枝花，内底青花山水。

清　仿哥窑瓷盘

高5.3、口径27.2厘米

　　直口，浅腹，矮圈足露褐胎。
釉面开片。

清　粉彩树叶形瓷盘

高6、口径27.4厘米

　　浅盘，平面呈树叶形，矮圈足。内外壁彩色叶脉及花朵。底有"同治年制"款。

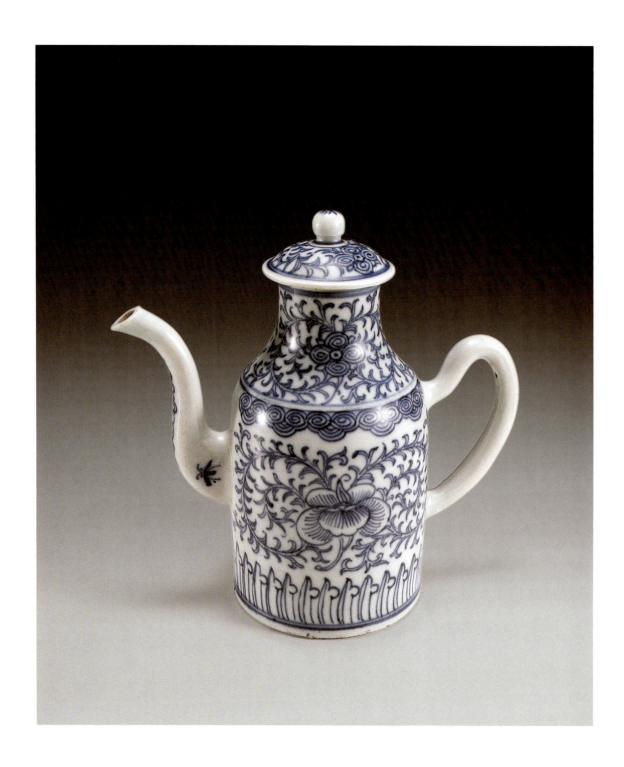

清　青花瓷执壶

通高16.2、口径3.8厘米

　　小敞口，盔形盖，溜肩，直腹，平底。曲流，环把。外壁青花缠枝花卉。

清　青花人物瓷壶
通高15.8、口径5.3厘米
　　直口，短颈，圆肩，直腹，圈足
外撇，曲流，提梁柄，桥形纽盖。
腹部青花龙纹山水和诗文。

清　建窑白瓷杯

高7.2、口径13.7×10.2厘米

　　椭圆形花瓣口, 高圈足。外壁
浮雕仿犀角造型。

清 蓝釉天球瓶

高21.8、口径4.1厘米

　　细长颈,溜肩,鼓腹,平底。施
蓝釉。

民国 彩色人物瓷瓶

高41、口径13.8厘米

敞口，长颈，溜肩，斜收腹，圈足外撇。施白釉，彩色釉人物画。底有"居仁堂制"。

玉器

新石器时代　玉璧

直径13.5、孔径3.4、厚1.2厘米

　　墨绿色，夹灰色斑。对钻孔，
孔内壁留有台痕。器中部略厚，边
缘略薄，而且不规整。

新石器时代 玉璧

直径14.9、孔径3.9、厚1.2厘米

墨绿色,夹黄褐色斑。一面平整,另一面留有线切割痕迹,但都经过打磨。外缘不很规整。对钻孔,孔内壁留有台痕。

新石器时代 玉璧

直径15.8、孔径3.7、厚1厘米

墨绿色,夹灰色和黄褐色斑。两面都还平整,外缘略显规整。

新石器时代　玉琮
器高31、上射口宽6.85、下射口宽
5.6、上孔径3.6、下孔径3.3厘米

　　青绿色，夹灰白色斑，器表光
泽感较差。高柱体，上大下小，中
间对钻孔，孔内壁管钻错位留有台
痕。琮表面雕琢十二节简化的神人
兽面纹。

新石器时代　玉琮
器高29.4、上射口宽7.2、下射口宽
6.5、上孔径5.1、下孔径5厘米

　　青绿色，夹灰白斑，器表几无
光泽感。高柱体，上大下小，中间对
钻孔，孔内壁管钻错位留有台痕。
琮表面雕琢十节简化神人兽面纹。
上射口的一个侧面，以阴线琢刻月
牙形刻符。

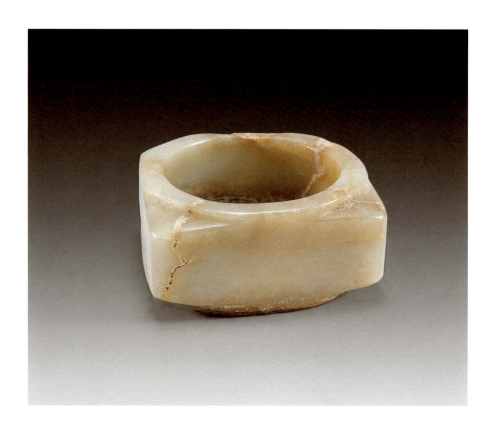

汉 玉琮

高3.4、射径7.5厘米

　　青玉, 有较多的瑕疵。矮方柱体, 素面。

汉 玉琮

高4.7、直径7厘米

　　青白玉, 圆筒形, 外壁浅浮雕八卦纹。

元　春水嵌饰

直径5.8厘米

　　白玉，圆形，一面弧突，一面凹。弧突面透雕天鹅和海东青（鹘），外缘连珠造型。

明　白玉独角兽书镇

长6.8厘米

　　白玉，整器雕琢成独角兽形态。左前足略残。

明　花鸟剑璲

宽6、厚2.2厘米

　　白玉，夹有灰黑色瑕斑。长方体，一面平整，一面微弧突，琢刻仙鹤造型。

明　双龙戏珠玉镯
直径7.6厘米
　　青白玉，环形。镯体琢刻成双
龙抢珠，尾相连。

明　双龙戏珠玉镯
直径7.6厘米
　　白玉，环形。镯体琢成双龙抢
珠，尾以连珠形态相连。

明　玉笄
长9厘米
　　白玉，长条形，略弯，尾端琢刻
牡丹花。

明　玉麒麟仲

高6.7、宽11.5厘米

　　青玉，有褐色瑕斑。

明　玉花片

长5.7、宽4.5、厚0.7厘米

　　白玉，平面为长方形，透雕琢
刻龙腾跃形态。另一面平素。

明　福在眼前透雕玉佩

直径7.2、厚0.7厘米

　　白玉，圆形。透雕蝙蝠、铜钱、缠枝花等，另一面平素。

明　仙女乘槎牌

直径5.3厘米

　　白玉。扁平园饼形，透雕，两面相同图案。

明　玉龙牌

直径3.7、厚0.6厘米

　　白玉，圆形。透雕龙及缠枝花。另一面凹。

明　玉花片

长7、宽6、厚0.7厘米

　　白玉，扁平长方形。双层镂空
雕，雕琢寿字、双兔和花卉。

明 双耳玉杯

高2.7、口径6.2厘米

　　黄白玉，直口，平底，双耳方折。杯外壁琢刻乳钉纹。

明　双耳玉杯

高3.1、口径6.1厘米

　　黄白玉，直口，平底，矮圈足。双耳琢刻兽面纹，杯外壁琢刻乳钉纹。

明　玉印（国相之印）

高3.5厘米、宽5×5厘米

螭形纽，朱文。

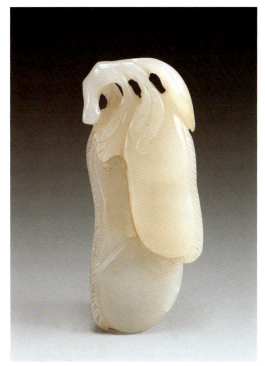

清 玉豆荚

长6.8、宽2.5厘米

　　白玉，器体扁平，为大小两个豆荚联体造型，大的豆荚上面还琢刻蜜蜂。

清 蟠螭贡璧

直径5.4、厚1.3厘米

　　白玉，一面平整，一面浮雕一条蟠螭及祥云。

清　玉芦雁镂空瓦子

长8.7、宽5.3厘米

　　白玉，平面呈椭圆形，一面内
凹，一面弧突，透雕芦雁和荷花。

清　玉芦雁镂空瓦子

长9、宽7.5厘米

　　白玉，平面呈圆角长方形，一面
内凹，一面弧突，透雕芦雁等。

清　龙头蟠螭纹带钩

长6.8、宽2.5厘米

　　青白玉，钩体宽扁，钩首为龙首形，钩体上面浮雕爬行的蟠螭。

清　螳螂头蝉纹带钩

长9.7、宽1.8厘米

　　白玉，钩体为琵琶形，上面雕一蝉，钩首为螳螂头。

清　龙头螭虎带钩
长12.5、宽2.4厘米
　　黄白玉，钩体上面浮雕一蟠
螭，钩首为龙首形。

清　龙头螭虎带钩
长12.1、宽2.7厘米
　　白玉，钩体宽扁，上面浮雕一
蟠螭，钩首为龙首形。

清　龙头螭虎带钩

长9、宽1.7厘米

　　玛瑙质, 钩体上面雕一蟠螭, 钩首为龙首形。

清　龙头螭虎带钩

长8、宽1.5厘米

　　白玉钩体上面雕一蟠螭, 钩首为龙首形。

清 玉笄

长17.4厘米

　　白玉,长条形,尾端雕麒麟。

清 玉簪

长13.4厘米

　　白玉,宽扁形,微弯曲,尾端刻
双喜字和蝙蝠。

外缘为环状，内部为双面琢刻的龙船造型，上下两端有凸榫穿连外缘，制作精妙。

清　龙船穿心牌

直径5.5、厚1厘米

　　白玉，圆形。由两部分组成，外缘为环状，内部为双面琢刻的龙船造型，上下两端有凸榫穿连外缘，制作精妙。

清　绞丝纹玉镯

直径8.5厘米

　　白玉，环状。

清　子冈牌

长5.7、宽3.9、厚0.7厘米

　　白玉，扁平长方体，一面
琢刻人物，一面琢刻诗文。

清 瓜果鼻烟壶

长7、宽4.8厘米

　　白玉，壶呈瓜形，器表浮雕豆
英，蜜蜂等。

清　玛瑙壶

通高3.6厘米

　　玛瑙质，子母口带盖，盖纽
残。鼓腹，矮圈足，曲流，环把。

清　太平有象玉尊
长7.2、宽6.4、厚3.1厘米
　　青玉，立雕大象，象背饰有椭
圆形瓶。

清　山水扣

长6.1、宽5.4厘米

　　白玉（入土），扁平方形，正面薄意
阳工山水图案，背面两个小圆扣纽。

清　玉剑璲

长7.5、宽2.1、厚1.1厘米

　　青黄玉，长方体。器身正面琢刻
卷云纹。

清　双龙戏珠玉镯

直径7.3～7.4厘米

　　白玉,不规则环形,镯体琢成
双龙抢珠形,龙尾相连。

清 玉山子摆件

高19.8、宽12.3、厚2.5厘米

　　白玉，扁平长方体，两面以减
地浮雕旭日、祥云、蝙蝠和海浪。

铜

器

东周　青铜矛

长17厘米

　　矛体呈柳叶形，双面刃，中间起
脊，脊两侧饰羽纹。骹部有"王"形
符号，之下有环耳，圆骹稍残。

东周　青铜矛

长13.5、宽3.7厘米

　　矛体呈柳叶形，中间起脊。圆銎部分残损。

东周　青铜镞

长5.5厘米

　　镞体呈橄榄核状，圆柱铤。

东周　青铜削

长23.2厘米

器体扁薄，直刃，环把。

东周　青铜削

长21.1厘米

　　器体前部宽扁，弧刃微
上翘，后部细柄，环首。

东周　青铜锸
长5、宽3.5厘米
　　长方形銎，宽体，平刃。

东周　青铜凿
长10、宽1.4厘米
　　长条形，宽弧刃，方形銎。

东周　青铜凿

长13.9、宽2.6厘米

　　长条形，宽弧刃稍残，方形銎。

东周　青铜斧

长9.2、宽4.5厘米

　　长方体，弧刃，长方形銎。

东周　青铜斧

长6.1、宽5.7厘米

　　宽体，平刃，长方形銎。器上铭文为后刻。

东周　青铜凿

长10.8、宽3.2厘米

　　长方体，微弧刃，稍残，扁方形銎。

东周　青铜耨
高12、宽18厘米
　　器呈靴形，一端稍残。长方
銎，弧刃。

唐　海兽葡萄镜

直径8厘米

　　半球形纽，一周凸弦纹将镜
背分成内外两区。内区纽周围饰四
个瑞兽环绕，形态各一，间饰葡萄
纹；外区一周蔓枝花叶纹。

宋　四寿镜

直径24.2厘米

　　半球形纽，周围饰仙人、妇人、仙鹤、龟。

宋　"薛茂松造"素面镜

直径8.3厘米

　　半球形纽，素面，纽一侧铸
"薛茂松造"四字。

宋　"湖州敬溪自造"素面镜
直径7.4厘米
　　扁平圆纽、镜背素面无缘。纽
一侧铸"湖州敬溪自造"六字。

明 瑞兽镜
直径8.9厘米
　　半球形纽,环绕镜纽为半浮雕
状四兽对称分布,外起凸棱,饰双
圈放射线纹。

明 瑞兽镜
直径11厘米
　　半球形纽,环绕镜纽周围为浮
雕瑞兽。

明 瑞兽镜

直径8.9厘米

半球形纽，环绕镜纽为半浮雕状四兽对称分布，外起凸棱，饰双圈放射线纹。

南明　铜印

印面长10.6、宽6.5、印厚0.9、通高
10.2厘米

　印呈长方形，杙纽。印面刻
阳文篆书"总理两淮盐法兼督江
防军务关防"，印体左侧阴刻款书
"弘光元年四月日"。

清　铜火铳

长32厘米

　　圆筒形。刻有铭文："顺治拾六年三月吉旦嘉兴府郭海盐县范捐造"。

书画

明　沈士充秋峦飞瀑图轴

纸本设色

纵162.6、横82.6厘米

　　沈士充字子居，华亭（今上海松江）人。出宋懋晋之门，兼师赵左。郡人能画者多师之。所作山水，丘壑蓊葱，皴染淹润。明万历、崇祯年间与其师赵左齐名。

　　题署：秋峦飞瀑（小篆），沈士充写。

　　钤印：沈士充印（白文方印）、沈氏子居（白文方印）

明 张裕山水图轴

绢本水墨

纵185.2、横97.8厘米

张裕 (生平无考)

题署：北堂萱草年来绿，上苑杏花春正红。时崇祯辛巳 (1641) 桂月，写于灵寿山房，张裕。

钤印：张裕之印 (朱文方印)、仲容 (白文方印)、石屋小隐 (起首朱文长方印)

明　袁裘　墨菜图轴

纸本水墨

纵43.2、横25厘米

袁裘字尚之,号谢湖居士,吴县(今江苏苏州)人,诸生贡太学。工诗、文、书、画。书尤俊迈,法米芾,与文征明齐名;画山水潇洒,林丘郁映,任意写折枝花朵,饶有生趣。明嘉靖间,同族兄弟六人,俱有名,时称"袁氏六俊"。卒年八十。

题署:菜畦寒露湛,嫩甲玉腴鲜。新粒羹初芼,田家齿颊便。戊午(1558)冬日,谢湖戏作于木莘斋。

钤印:袁氏尚之(白文方印)、谢湖(左下朱文方印)、溪山仙馆(左下白文方印)

清　曹庭栋兰竹图轴

纸本水墨　纵96.4、横44.2厘米

　　曹庭栋 (1699—1785) 字楷人,
号六圃、慈山,浙江嘉善诸生。自
言二十二岁学写兰石,至六十七岁
始画墨竹。六十以后杜门著述,绘
事之外,弹琴、赋诗、摹写篆、隶,
以抒寂寥。

　　题署:众花莫媲洁,凡艳难争
清。风披倚槁竹,齐弟与夷兄。戊
戌 (1778) 腊月中旬,慈山翁写于观
妙楼,时年八十。

　　钤印:曹庭栋 (白文方印)、六
圃 (朱文方印)

清　陆宙种富贵满堂福禄寿全屏

　　绢本设色　十一条　纵176.2、横44.8厘米

　　陆宙种字步衡,号渔六,浙江平湖人。家世显贵,不乐仕进。善画金碧山水,花鸟近陈道复,兼工人物。尝馆松江张照(1691—1745)家,每画照则为题词,人称"双绝"。

　　款署:甲子(1744)小春,写奉□翁先生□五十荣寿,当湖陆宙种。

　　钤印:陆宙种印(白文方印)、渔六(朱文方印)

　　附识:原本十二条,佚一秋景。

①

②

③

④

⑤

⑥   ⑦

⑧

⑨

甲子小春寫奉
翁先生五十榮壽
常湖陸両神

⑩　⑪

清　文鼎山水折扇页

纸本设色　纵18.4、横52.3厘米

　　文鼎 (1766—1852) 字学匡，号后山，秀水 (今浙江嘉兴) 人，布衣。所居曰"停雪旧筑"。咸丰初征举孝廉方正，力辞不就。精鉴别，收储金石、书画多上品，偶作小楷，画云山松石，则谨守徵明家法。篆刻工秀，得文彭遗意。精刻竹，凡扇边及臂搁，皆自为书、画，刻山水不下周芝岩。

　　款署：梅花水榭。辛卯 (1831) 八月，为种水三兄作，用笔在天游山樵之间，并请正之。后山弟文鼎。

　　钤印：文鼎之印 (朱白方印)

清　张熊神仙眉寿图轴

纸本设色　纵124、横53.7厘米

张熊 (1803—1886) 字子祥，别号鸳湖外史，浙江秀水 (今嘉兴) 人，寓上海。工花卉翎毛，兼能人物山水及篆刻，尝写大幅牡丹，功力深厚，设色浓丽，论者谓其纵逸近周之冕，得王武古媚之趣。与任熊、朱熊合称"沪上三熊"。

款署：神仙眉寿 (隶书)。丙子 (1876) 冬日，为子苍三兄大人属，子祥张熊。

钤印：子祥书画 (白文方印)

清　王礼花鸟屏

纸本设色四条　纵145.4、横37.6厘米

王礼 (1813—1879)，一作 (1817—1885) 字秋言，号秋道人，别署白蕉研主，一号蜗寄生，江苏吴江人，寓上海甚久。幼嗜笔墨，从沈石芗学写花鸟，劲秀洒落，笔如刻铁，隽逸之气，令人意爽，人物宗陈洪绶。名初不重，张熊于坊间见其画，亟称于人，以是知名。

款署：

屏一　有名闲富贵，无事不神仙。魏徵君诗，画则拟白阳笔也，王礼。

屏二　闹红一舸，计年时、常 (尝) 与鸳鸯为侣。写白石词意。(摘自姜夔《念奴娇》首句)

屏三　丁丑 (1877) 中秋后一日，偶忆禹鸿胪月窟图，倚橐写之。

屏四　宵窗作画，取其静，无所扰，任意为之，自然入古。秋道人王礼。

钤印：

屏一　秋言六十以后之作 (朱文方印)

屏二　秋言 (白文方印)

屏三　秋言六十以后之作 (朱文方印)

屏四　秋言六十以后之作 (朱文方印)

附识：此屏乃王礼之精品。王画传世甚多，出其右者寥寥。

①

②

122

③

④

123

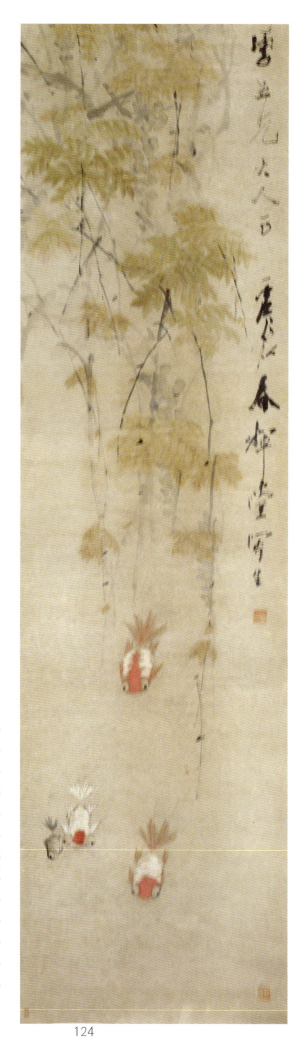

清　虚谷紫绶金章图轴

纸本设色　纵183.7、横47.3厘米

　　虚谷 (1823—1896) 新安 (今安徽歙县) 人，移居广陵 (今江苏扬州)，俗姓朱，名怀仁，出家名虚白，号虚谷。往来于上海、苏州、扬州一带，卖画为生，与任伯年、高邕、吴昌硕、倪墨耕友善。擅画山水、花卉、蔬果、禽虫，运用干笔偏锋，敷色以淡彩为主，风格冷峭新奇，隽雅鲜活，无一滞笔相，匠心独运，别具一格。尤擅以破笔作松鼠、金鱼等，草草写意，生动超逸。

　　款署：骧云五兄大人正，虚谷春辉堂写生。

　　钤印：虚谷书画 (朱文方印)、耿耿其心 (右下白文方印)

124

清　沙馥花鸟折扇页

纸本设色、洒金笺墨书　纵17.7、横51.3厘米

　　沙馥 (1831—1906) 字山春，江苏苏州人。马仙根弟子，画学甚深，笔致研秀。所作人物及花卉，无不精妙。

　　款署：凤麟仁棣之属。乙巳 (1905) 春三月，沙馥写画于粟庵。

清　蒲华竹石图横幅

纸本水墨　纵64、横132.5厘米

　　蒲华 (1832—1911) 字作英 (原名成，字竹英)，号种竹道人、胥山外史，秀水 (今浙江嘉兴) 人。幼为庙祝，刻苦自学，能诗，工书画，初师傅啸声，后宗陈道复、徐渭，侨寓上海时贫困潦倒，人称"蒲邋遢"，以鬻画自给。曾游日本，为彼邦人士所重。

　　款署：厚田仁兄大人属正，甲申 (1884) 三月，蒲华。

　　钤印：秀水蒲华作英 (朱文方印)

清　任薰人物纨扇页

纸本设色　纵25.7、横26.2厘米

　　任薰 (1835—1893) 字阜长，浙江萧山人。熊弟。人物与其兄同师陈洪绶，尤工花鸟，翎毛。未脱蹊径，少渊雅之趣，在诸任中，次为殿军。

　　款署: 杏孙一兄大人雅属。壬午 (1882) 九秋，阜长任薰写于恰受轩。

　　钤印: 任薰(白文方印)

清　任颐人物纨扇页

绢本设色　纵25.4、横26厘米

　　任颐 (1840—1896) 初名润，字小楼，后改字伯年，浙江山阴 (今浙江绍兴) 人，鹤声子。仰承家学，任熊弟子，从任薰学画。中年起在上海卖画。擅画人物、花卉、翎毛、山水，尤工肖像，取法陈洪绶、华新罗，赋色鲜活明快，形象生动活泼，别具清新格调。年未及壮已名重大江南北。书法亦参画意，奇警异常。为海派著名画家之一。

　　款署：骧云仁兄先生雅正。光绪岁在戊子 (1888)。任颐。

　　铃印：任伯年 (白文方印)

①

清　舒浩、陆恢花鸟扇页轴

纸本设色　折扇页　纵19.5、横51.6，册页　纵29、横32.9厘米

　　舒浩字萍桥，号平桥、则水道人，浙江宁波人。与沙馥、钱慧安等同时，海派名家。工人物、山水、花鸟，工细缜密，雅秀天然。

　　陆恢（1851－1920）原名友恢，字廉夫，号狷盦、破佛盦主人，江苏吴江人，寄居江苏吴县。与金心兰结画社于吴门。工书画，山水受业于陶诒孙，花卉自幼学刘德六，有出蓝之誉。为吴大澂赏识，山水愈苍秀隽雅，为娄东嫡传。花卉清逸可喜，得恽寿平遗韵。又精鉴别。书法汉隶，旁参魏晋六朝，遒劲而具金石气。

款署、题署：

上页　仿北宋笔意。则水道人舒浩。

中页　写月落霜飞鸟梦寒之句。恢画。

下页　百草竞春华，丽春应最胜，少须好颜色，多漫枝条剩。

　　　纷纷桃李枝，处处总能移，如何贵重此，却怕有人知。平桥画。

钤印：

上页　平桥（白文椭圆印）

中页　吴江陆恢（朱文方印）

下页　舒浩之印（朱白方印）

窗月二鴉霜
飛鳥夢寒
立甫 恢画

②

130

清 潘振镛仕女图屏

纸本设色四条 纵145.5、横37.7厘米

潘振镛 (1852—1921) 字承伯，号雅声，自称冰壶琴主，署钝叟，晚署讷钝老人，秀水 (今浙江嘉兴) 人。大临子，工书、画，仕女法费丹旭，清轻淡雅，洁净无尘。花卉师恽寿平，书法亦似之。间作山水，法近文徵明，惟不恒作。传世者以仕女居多。与沙山春、吴嘉猷并为三绝。

题署：

屏一 好花如锦草如茵，无限情怀只惜春。一脉相思抛不得，欲将红豆掷何人。雅声。

屏二 鱼窥人影跃空池，绿挂秋风柳万丝。独上小桥闲立久，碧阴深处纳凉时。雅声振镛。

屏三 幽篁琴韵。冰壶琴主潘振镛写。

屏四 红与白，娇难别，天花影里胭脂雪。纯如仁兄大人鉴正，己亥 (1899) 腊月，雅声潘振镛写。

钤印：

屏一 潘振镛印 (白文方印)

屏二 潘 (朱文方印)、笙父 (朱文方印)

屏三 雅声 (朱文方印)、潘振镛印 (白文方印)

屏四 潘振镛印 (白文方印)、潘雅声书画印 (白文长方印)

①

②

幽篁琴韻

久壺琴主潘振鏞寫

紅與白嬌難別天花影裏臙脂雪

純如仁兄大人鑒己巳臘月雅芬潘振鏞寫

③

④

清　任颐、高邕、任预、叶森合作书画折扇页

纸本设色、墨书　纵17.9、横51.3厘米

任颐 (1840—1896) 初名润，字小楼，后改字伯年，浙江山阴 (今浙江绍兴) 人，鹤声子。仰承家学，任熊弟子，从任薰学画。中年起在上海卖画。擅画人物、花卉、翎毛、山水，尤工肖像，取法陈洪绶、华新罗，赋色鲜活明快，形象生动活泼，别具清新格调。年未及壮已名重大江南北。书法亦参画意，奇警异常。为海派著名画家之一。

高邕 (1850—1921) 字邕之，浙江仁和 (今杭州) 人，寓上海。工书，服膺李邕，善以藏锋取妍，宽绰取额。擅绘事，宗八大、石涛。

任预 (1853—1901) 字立凡，浙江萧山人。熊子，少即懒嬉，不肯学画，熊以为恨，及熊殁，遗稿尽为倪田所得。立凡转自别家借临，然亦不肯竟学，得赵之谦指授，亦善刻印。

叶森字景修，钱塘 (今杭州) 人，早岁从吾丘衍游，古文诗歌，咸有法度。

款署、题署：

光绪乙未 (1895) 夏五月，山阴任颐。

树深闲锁院，莎线净无尘。世以劳为乐，身于逸不亲。净延清入梦，冷逼瘦随人。一雨窗前过，天教换笔新。卓凡越先生秋怀诗。祥生仁兄鉴家正之。乙未 (1895)，高邕。

乙未 (1895) 夏日，仿宋人法于申江客次。立凡任预。

夫其果行修洁，斯文彪蔚，鄂不照乎，移华龙骥，骧乎云路。鲁公绿笺帖。祥生仁兄大人正。景修。

钤印：伯年 (朱文印)、高邕长寿 (白文方印)、立凡 (朱文方印)、景修印 (白文方印)

134

清　任预钟馗图轴

纸本硃色　纵107.9、横42.1厘米

任预 (1853—1901) 字立凡，浙江萧山人。熊子，少即懒嬉，不肯学画，熊以为恨，及熊殁，遗稿尽为倪田所得。立凡转自别家借临，然亦不肯竟学。得赵之谦指授，亦善刻印。

款署：光绪丙申 (1896) 五月午日午时，任预盥手敬绘。

钤印：立凡 (朱文方印)

135

清　倪田牧牛图折扇页

纸本设色　纵17.8、横46.4厘米

　　倪田 (1855—1919) 初名宝田，字墨耕，号璧月庵主，江苏扬州人，侨居上海。初学画于王小某，人物、仕女及古佛像取景高远，尤善画马。光绪中行商到沪，爱任颐画，遂弃其业而参用任法，水墨巨石，设色花卉，腴润遒劲，擅胜於时，并工山水。

　　款署：汉章仁兄大人雅正。光绪癸卯 (1903) 三月，邗上倪田墨耕写于海上。

　　钤印：宝田 (白文方印)、墨耕 (朱文方印)

樽酒有如重九日石俑再
瘦似黄花
                農髯曾熙寫

近代　曾熙芭蕉菊石图轴

纸本设色　纵130、横33.7厘米

　　曾熙 (1861－1930) 初字嗣元，更字子
缉，晚号农髯，湖南衡阳人。书法得夏承碑
及张黑女碑神髓，与李瑞清齐名，并称"曾
李"。年六十始作画，自谓作画师万物，山
水、松石在程嘉燧、戴本孝之间，能用篆隶
笔意为之，不求形似，别有逸致。

　　款署: 樽酒有如重九日，不堪再瘦似黄
花。农髯曾熙写。

　　钤印: 曾熙之印 (白文方印)、曾熙诗书画印
(白文方印)、髯翁六十后画 (左下朱文方印)

近代　齐白石葡萄、钱崇威行书成扇

纸本设色、墨书　棕骨　纵18.7、横51.3厘米

齐白石（1863—1957）原名纯芝，字渭青，后改名璜，字萍生，号白石，以号行。别号借山吟馆主者、齐大、木居士、三百石印富翁等。湖南湘潭人，贫农，十二岁学木工，二十七岁学书画，习诗文，刻印章。中年多次出游南北，五十七岁后定居北京。擅画花鸟虫鱼，笔墨纵横雄健，造形简练质朴，神态活泼，色彩鲜明强烈。亦画山水、人物，创作取材广泛，题材充满民间情味。篆刻初宗浙派，后多取法汉代凿印，所作布局奇肆朴茂，单刀直入，劲辣有力，蔚然成家。

钱崇威（1872—?）号慈严，又号自严，江苏吴江人。清季翰林。善书，性豪爽，能饮酒，年老益壮。

款署、释文：

画页　梦徵先生清正。丁亥（1947）二月，白石老人。

字页　兵卫森画戟，燕寝凝清香。海（上）风雨至，逍遥池阁凉。烦疴近消散，嘉宾复满堂。自惭居（处）崇，未睹斯民康。理会是非遣，性达形迹忘。鲜肥属时禁，蔬果幸见尝。俯饮一杯酒，仰聆金玉章。神欢体自轻，意欲凌风翔。吴中盛文史，群彦今汪洋。方今（知）大藩地，岂曰财赋疆。

韦苏州郡斋雨中与诸文士燕集。梦徵先生雅属希正。丁亥（1947）仲秋，钱崇威。

钤印：

白石老人（画页白文方印）、古杭姜梦徵藏（画页左下白文方印）

钱崇威印（字页白文方印）、甲辰翰林（字页朱文方印）、小蔬枰（字页起首朱文长方印）

附识：钱崇威书韦应物诗，漏二字，错一字，已补正。

138

余黄冠海上巳五年於茲矣憑藉
翰墨謀生即偶有所乍亦多散佚而
不概見耳今值嵗除消寒寫此耳
清道人

近代　李瑞清岁朝清供图轴

纸本水墨　纵69.6、横32.6厘米

李瑞清（1867—1920）字仲麟，
号梅庵，一号梅痴，入民国署清
道人，江西临川人。光绪二十一年
（1895）进士，官两江优级师范学
堂校长。工书善画，提倡艺术教育
不遗余力。精六书，善大篆，与杨
守敬、吴昌硕交契。辛亥革命后为
道士，侨居上海。张大千曾拜之为
师。画艺长于山水、花卉、佛像。

款署：余黄冠海上巳五年于兹
矣，凭籍翰墨谋生，即偶有所作，
亦多散佚而不概见耳。今值岁除，
消寒写此耳。清道人。

钤印：阿梅（朱文长方印）、清
道人（朱文方印）、紫琅孙俶（左
下白文方印）、经畬二次所得金石
书画（左下白文方印）、沧叟过眼
（右下白文方印）、□散亭斋（右
下朱文方印）

140

近代　王震荷花鸳鸯图轴

纸本设色　纵175.2、横92厘米

　　王震 (1867—1938) 字一亭，号白龙山人。浙江吴兴 (今湖州) 人，寓上海。信佛教。工书画，擅人物、花鸟、走兽、山水，佛像为佳。笔墨劲利，气势雄浑，醇茂中寓以虚灵。与任伯年、吴昌硕友善。学任伯年，画风与吴昌硕相近。

　　题署：池塘雨后涉芳菲，打桨鸳鸯拍拍飞。十里荷花浑似锦，何人妙手制裳衣。丁巳 (1917) 春仲，白龙山人王震。

　　钤印：王震 (白文方印)、一亭父 (朱文方印)

近代 王震佛像图轴

纸本设色 纵135.7、横67厘米

题署: 枯坐祇园耽习禅, 说法炼成玄中玄。历遍八万四千劫, 沧海如电翻桑田。屈指岁月不知纪, 合共元鹤齐大年。长眉跣足时面壁, 世人谁识佛与仙。戊午 (1918) 孟夏, 写祝翰臣先生寿, 白龙山人王震。

钤印: 一亭父 (朱文方印)、夜来八万四千偈 (右下朱文方印)

近代　赵云壑白梅红茶花图轴

纸本设色　纵146.4、横79.8厘米

　　赵云壑 (1874—1955) 一名起,字子云, 吴县 (今江苏苏州) 人。吴昌硕弟子, 作花卉与行书, 得昌硕嫡传, 苍浑秀润, 人誉昌硕第二。

　　题署: 叶比琅玕翠, 花犹雪后红。与梅相作伴, 不让岁寒松。丙寅 (1926) 嘉平月, 赵云壑呵冻画于海上。

　　钤印: 赵起大利 (白文方印)、云壑子 (朱文方印)、酸寒不惧 (右下白文方印)

近代　赵时棡人物、朱祖谋楷书成扇

纸本设色、墨书　漆竹骨　纵20.5、横58厘米

赵时棡 (1874—1945) 字叔孺，晚年号二弩老人，浙江鄞县人，寄居上海，清末诸生，福建同知。精金石书画，尤好画马。晚工花卉、翎毛、草虫。刻印宗秦汉，参以宋元，自成一家，与吴昌硕齐名。

朱祖谋 (1857—1931) 一名孝臧，字古微，晚号彊村。浙江吴兴 (今湖州) 人。清光绪九年 (1883) 进士，官至广东学政。书法初师颜真卿，后攻褚遂良，精于行楷，严整而有风骨，堪称别调。并以词名。

画页

款署：

横琴面流水，旷然多远怀。雪塍仁兄法正。仿文待诏，赵叔孺。

钤印：

赵时棡印 (白文方印)、叔孺 (朱文方印)

签题：嘉善县博物馆惠存，斜塘江蔚云敬赠。丙寅 (1986) 季秋。

钤印：江蔚云 (白文方印)

字页

款署、题署：

开岁倏五十，吾生行归休。念之动中怀，及辰为兹游。气和天唯澄，班坐依远流。弱湍驰文鲂，闲谷娇鸣沤。迥□散游目，缅然睇曾丘。虽微九重秀，顾瞻无匹俦。提壶接宾侣，引满更献酬。未知从今去，当复如此否。中肠纵遥情，忘彼千载忧。且极今朝乐，明日非所求。雪塍仁兄正。孝臧。

钤印：彊村 (朱文方印)

近代 赵时棡百龄图轴

纸本设色 纵135.4、横66.8厘米

款署:百龄图(隶书)拟宋人
巨幅。吟槐仁兄大人雅属。壬戌
(1922)九月。赵叔孺。

此余二十年(前)旧作也,今为之
乔先生所得,属重署款。壬戌(1922)
九秋赵时棡又识。

钤印:赵叔孺(朱文方印)、赵叔
孺(重署款下白文方印)、未斋主人藏
(左下角白文方印、收藏印)

近代 汤涤墨松图横幅

纸本水墨 纵67、横130.7厘米

    汤涤 (1878－1948) 字定之, 号乐孙、太平湖客、双于道人, 原名向, 因慕大涤子石涛, 改名为涤, 江苏武进人, 汤贻汾曾孙。作画恪守"离法而立法"的家学, 山水学李流芳, 以气韵清幽见长。亦善墨梅、竹, 尤长于松, 。书法隶行俱佳。晚寓上海。

    款署: 六朝遗老 (隶书)。麟生仁兄鉴正, 癸未 (1943) 夏汤涤。

    钤印: 定之 (朱文方印)、我心松石清 (起首白文长方印)、贞愍公之曾孙 (左下白文方印)、双于道人 (左下白文方印)、天下几人画古松 (左下朱文方印)、画又次之 (右上白文长方印)

    附识: 汤涤晚年 (65岁) 得意之作, 用印6方, 甚为罕见。汤画松针尽得元人法, 又有自家风格; 细劲刚直, 疏密有致, 仅此一项, 近代画家中能与之比肩者不多。

近代　吴徵梅花白菜图轴

纸本设色　纵101、横25.7厘米

　　吴徵(1878—1949)字待秋,号春晖外史,又号鹭鸶湾人,抱鋗居士。浙江崇德人。后居上海。伯滔次子,山水初传家学。终日作画。手不停挥,无暇构思,以致笔无变化,墨无浓淡,缺乏风趣。花卉师吴俊卿早年笔墨,较山水为佳。亦能治印。卒年七十二。

　　款署:小园蔬果,足餍老饕,何必学党家人肉食耶?寒枫先生雅正。庚辰(1940)冬日,抱鋗吴徵。

　　钤印:吴徵之印(白文方印)、抱鋗居士(白文方印)、闭户工夫(左下押角朱文方印)

现代　冯超然大椿图轴

泥金纸本设色　纵147.6、横39.2厘米

冯迥(1882—1954)字超然，号涤舸，别署嵩山居士，晚号慎得，江苏常州人。生长云间(今上海市松江)，晚年寓上海嵩山路，署其居曰嵩山草堂。童年喜画，下笔超脱，山水、花木，骨力神韵兼备。尤精工仕女、人物，晚年专攻山水，好吟咏，工行草、篆、隶。卒年七十三。

款署：大椿岁月。乙巳(1905)九月，仿陈白阳意。退安观察大人雅鉴。毘陵冯迥。

钤印：生长九峰三泖间(白文方印)、汉大树将军裔(朱文方印)

近代　张善孖猛虎图轴

纸本设色　纵115、横41.2厘米

张善孖 (1882—1940) 名泽, 以字行,
号虎痴, 四川内江人, 大千兄。少年从母
学画, 曾投李瑞清门下。1917年与弟大千
东渡日本, 回国后寓上海, 曾为上海美专
教授。善画山水、花卉、走兽。尤精画虎,
尝寓苏州网师园, 豢虎以供写生。

题署: 万壑走松涛, 长林气自豪。封
姨偏作剧, 吹到月轮高。己巳 (1929) 天
中, 似静山仁兄法家博教, 善孖弟张泽。

钤印: 善孖长寿(白文方印)、张泽(白
文方印)、大风堂 (右下朱文长方印)

近代 萧愻仿石涛山水图轴

纸本设色 纵99.4、横33厘米

萧愻（1883—1944）字谦中，号龙樵，安徽怀宁人，姜筠弟子。画山水学其师，并为师代笔。筠待之苛。随友人入川，又赴东北习幕，均不得意。三十八岁复回北京。见展览会中石涛（原济）、半千（龚贤）、瞿山（梅清）画，气韵雄厚，遂一舍旧习，自创一格，用笔苍厚，设色浓重。卒年六十二。

款署：闰生先生雅鉴。乙丑（1925）十月，萧愻写。

钤印：萧愻（白文方印）

现代　张聿光五虎图轴

设色纸本　纵178、横92.7厘米

　　张聿光（1885—1968）字鹤苍头，斋名冶欧斋，浙江绍兴人。凡花卉、翎毛、风景山水、人物、走兽等无所不能。

　　款署：思默先生雅正。二十年（1931）秋。张聿光。

　　钤印：张氏聿光（白文方印）、虎虎有生气（右下角朱文方印）

现代 潘天寿、经亨颐、姜丹书兰竹图轴

纸本水墨 纵130.8、横33.3厘米

潘天寿 (1886—1971) 原名天授,字大颐,浙江宁海人,号阿寿,别署懒秃、朽居士。擅书画,能诗兼工治印,书则篆、隶、行、草俱能,擅指画。

经亨颐 (1877—1938) 字子渊,号石禅,晚号颐渊,室名长松山房,浙江上虞人,后寓上海。曾留学日本,回国后曾任浙江省立第一师范校长。雅好治印,五十岁后学画,画以兰、梅、竹为多,数笔,疏落淡雅。字学《爨宝子碑》,致力三十余年,得其神髓。

姜丹书 (1885—1962) 字敬庐,别署赤石道人,江苏溧阳人,迁居杭州,颜其居曰"丹枫红叶楼"。历任浙江省立第一师范、上海美专、杭州艺专、新华艺专教师。书画师承李瑞清、萧俊贤,擅作写意山水、花卉,尤长蔬果,笔情墨意,与朱耷、石涛相近,亦作西画。

款署:毅成先生雅属,二十三年 (1934) 元旦,寒之友雅集,敬庐、颐渊兰,阿寿石竹并句。美人君子伴三生。为阿寿补句,姜丹书。

钤印:潘天授 (朱文方印)、阿寿 (白文方印)、敬庐 (朱文方印)、姜丹书 (白文方印)

现代 吕凤子梅花仕女图轴

纸本水墨　纵93.3、横58厘米

吕凤子 (1886—1959) 原名
濬, 字凤痴, 别署凤先生, 江苏
丹阳人。擅长书、画, 善画人物、
仕女、佛像, 别具风格, 间作山
水亦超脱, 工隶书, 行、草皆以
篆隶之法行之, 古雅奇肆, 殊异
常蹊。

款署: 我有江南铁笛, 欲倚
一枝香雪, 吹彻玉城霞。

长明先生鉴之, 壬辰 (1952)
人日凤先生使战臂。

钤印: 凤先生 (白文长方
印)、壬辰六七 (左下白文方印)

现代 溥儒人物图轴

纸本设色　纵97.9、横32.8厘米

　　溥儒 (1887–1963) 字心畬，别署西川逸士。河北宛平 (今北京市) 人。清宗室，恭亲王之后。幼即究心艺事，诗词书法，秀逸出尘。工山水以南宋为宗，喜用熟纸。与张大千有"南张北溥"之称。解放前流寓境外，以卖画为生。

　　款署：松风寒瑟瑟，岩树影萧萧；策杖寻幽境，吟诗破寂寥。闰生先生正。溥儒。

　　钤印：旧王孙 (朱文方印)、溥儒之印 (白文方印)、松巢客 (起首处椭圆朱文印)、江山为助笔纵横 (右下角白文方印)

现代　陈摩芍药湖石图轴

纸本设色　纵137.4、横67.8厘米

　　陈摩（1887—1946）字迦庵，
江苏常熟人。陆恢弟子，得其笔法，
山水、花卉、翎毛、蔬果挥洒自如。
卒年六十岁。

　　款署：甲戌（1934）仲秋，写于
松化石室，迦庵陈摩。

　　钤印：陈摩（白文方印）、松化
石室（右下白文方印）

寄庼先生法家正之 壬申春 馬孟容寫

现代　马孟容菊蟹图轴

纸本设色　纵144、横39.5厘米

　　马孟容 (1890—1932) 名毅, 以字行,
浙江永嘉 (今温州) 人, 书法家马公愚之兄
长。浙江高等学堂毕业, 曾任上海美专教
授。善花鸟、草虫、鱼蟹, 笔致秀润, 墨气
醇厚, 天才与功力俱足。

　　款署: 寄庼先生法家正之, 壬申
(1932) 春, 马孟容写。

　　钤印: 马孟容印 (白文方印)、孟容书画之
记 (朱文方印)、别树一帜 (左下朱文方印)

现代　吴湖帆竹石图、行书成扇

洒金笺水墨、墨书　漆竹骨　纵51.7、横17.8厘米

　　吴湖帆 (1894—1968) 名倩, 本名万, 又名倩庵, 别署丑簃、翼燕,
斋名梅景书屋, 江苏苏州人, 吴大澂嗣孙。建国后任上海中国画院画
师。擅画山水, 从"四王"、董其昌入手, 博取众长, 自成面目。书法精
于行楷, 晚年喜作草书。亦善填词, 更擅鉴别。

　　释文、款署:

　　画页　丁亥 (1947) 十月, 写祝秉三吾兄六十大寿。吴湖帆。

　　字页　鳞甲遮藏翡翠竿, 不惊风雨尚泥蟠。那知变化原俄顷, 犹
作寻常篆箨看。

　　秉三先生属。吴湖帆。

　　钤印: 倩庵 (画页白文方印)、倩庵 (字页白文方印)

159

现代　吴华源梅竹双清图轴

纸本设色　纵95.9、横36.9厘米

　　吴华源 (1893–1972) 名原，字华源，一字子深，
号渔村，江苏苏州桃花坞人，四十一岁移居沪上，
五十五岁定居香港，七十二岁客居台北。善画山水、
兰竹，得怡园主人顾麟士亲授。

　　款署：梅竹双清。"竹外一枝斜更好"，东坡咏
梅佳句也，此图似之。乙酉 (1945) 七月七日。渔村
吴华源并题。

　　补款：是岁十一月既望，为永祥仁兄所得，属为
题记，华源并书。

　　钤印：吴华源印 (白文方印)、子深 (朱文方
印)、子深诗画 (再题款下朱文方印)

大江日夜流，白日东西绕。时光速惊电，容颜不常好。何如劳杖屐，相羊西山道。松声与泉声，谓我来不早。心闲情自适，步步踏芳草。片帆天际下，应悔江湖老。壬午夏五月为佩卿先生大雅之属弱龛郑午昌时客海上如是楼

现代 郑午昌西山松泉图轴

纸本设色 纵136.5、横68.6厘米

郑午昌 (1894—1952) 名昶，以字行，号弱龛，浙江嵊县人。曾任中华书局美术部主任、杭州美专、上海美专等校教授。1924年与谢公展、王伟等组织蜜蜂画社。山水、花卉、仕女不拘一格，尤工山水，时而松秀，时而苍郁，画柳长条细叶，婀娜多姿，朋辈戏以郑杨柳呼之。书法秀丽俊逸，余事诗词，清新可诵。

题署：大江日夜流，白日东西绕。时光速惊电，容颜不常好。何如劳杖屐，相羊西山道。松声与泉声，谓我来不早。心闲情自适，步步踏芳草。片帆天际下，应悔江湖老。壬午 (1942) 夏五月，为佩卿先生大雅之属，弱龛郑午昌，时客海上如是楼。

钤印：午昌 (朱文方印)、郑昶长寿 (白文方印)、鹿胎仙馆画记 (右下白文方印)

现代 郑午昌佛像图轴

纸本设色 纵134、横38.6厘米

款署：式如先生七十大庆，乙亥（1935）春
二月，郑午昌略师两峰法为造佛一躯。

钤印：郑昶之印（白文方印）、午昌四十后作
（朱文方印）

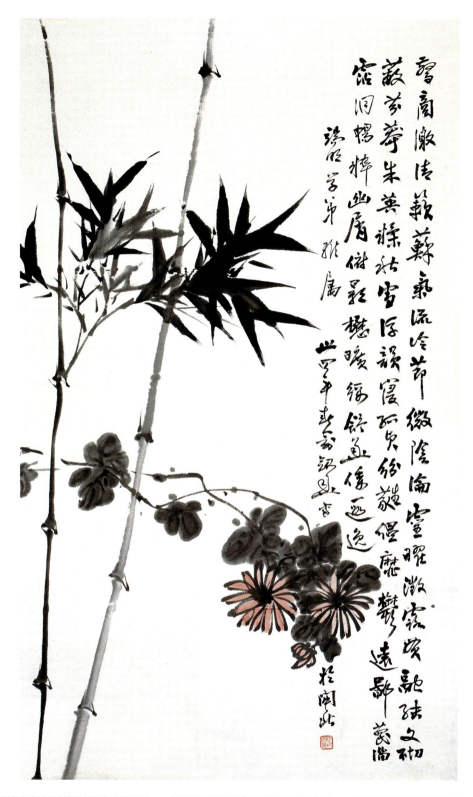

现代　俞剑华竹菊图轴

纸本设色　纵124、横82.6厘米

　　俞剑华 (1895-1979) 名琨,以字行,山东济南人,长期寄寓上海。1915年入北京高等师范手工科,师从陈师曾、李毅士。1920后历任北京美术专科学校教师、上海新华艺术专科学校教授、上海美专教授、暨南大学教授。建国后历任诚明文学院教务长、上海学院副院长、华东艺术专科学校教授、民族美术研究所研究员、南京艺术学院教授。长于中国美术史研究,尤精绘画史,兼擅山水画。出版有《中国绘画史》、《中国美术家人名辞典》等。

　　题署:惊商激清籁,苏气流冷节。微阴沧灵曜,澂露贯融结。文砌蔽芬莽,朱英糅秋雪。浮韵寝孤贞,纷蕤缊靡郁。远鄙蓛缁霭,洞畅粹幽屑。俯影懋旷绥,舒华倭遐逸。

　　端明学弟雅属,卅四年 (1945) 春,俞剑华写于闽北。

　　钤印:俞剑华印 (朱文方印)

现代　徐悲鸿、彭祖泽竹石图轴

纸本设色　纵82.7、横37.3厘米

　　徐悲鸿 (1895—1953) 江苏宜兴人。幼即嗜画，勤奋为学。后留学日本、法国、回国后任南京中央大学艺术系主任。建国后历任中央美术学院院长、中国美协主席。画学贯通中西，对中国民族绘画和欧洲传统美术深有研究。创作中国画题材广泛，尤以画马驰名。

　　彭祖泽 (1880—1952) 字汉怀，一字斗漱，居室名斗漱室，又号漱琴盦主，湖南湘阴人。曾留学日本。工书画篆刻，书学刘墉，尤工篆隶，画宗北派。

　　款署：一卷石，数竿竹，无他求，志已足。

　　辛未 (1931) 晚秋，汉怀、悲鸿合作。筠如先生惠存。

　　钤印：悲鸿 (白文方印)

　　附识：徐悲鸿画竹并题款，彭祖植画石。款式左起，上款后添。

昔人云不讀萬卷不行萬里不可作畫
故大年有朝陵之識東邨遂不得賢於
子畏而石谷子則不必然而畫已登峰矣豈
昔人好為高遠之論以欺方束抑石谷之資地
與人殊也右丞詩有曰前身應畫師乃於
石谷信之其夙慧不可掩也天也非人力也
偶擬石谷並錄南田語以應
士浩先生雅屬 李秋君

嘉善縣博物館惠存
丙寅九月士浩贈

现代 李秋君山水图轴

纸本设色 纵95.4、横32.4厘米

李秋君 (1899—1971) 女，名祖云，别署欧湘馆主，浙江镇海人。上海中国画院画师、中国美协会员。先师吴淑娟，后入张大千之门。初学工笔山水，古装人物仕女。喜作青绿，又爱摹古。后攻山水，作青绿，端丽可观；古装仕女，仿唐人格局。

题署：昔人云，不读万卷，不行万里，不可作画。故大年有朝陵之讥，东村遂不得贤于子畏；而石谷子则不必然，而画已登峰矣，岂昔人好为高远之论以欺方束，抑石谷之资地与人殊也？右丞诗有曰"前生应画师"，乃于石谷信之，其凤慧不可掩也，天也，非人力也。偶拟石谷并录南田语以应士浩先生雅属。李秋君。

钤印李秋君(朱文方印)、怡如堂(朱文方印)

〔签署：嘉善县博物馆惠存，丙寅(1986)九月士浩赠。

钤印：荔轩主人(朱文方印)、卓士浩(白文方印)〕

附识：此件李秋君仅作款书，画乃张大千代笔。

现代　丰子恺人物、陈运彰行书成扇

纸本设色、墨书　棕骨　纵18、横51.7厘米

丰子恺 (1898−1975) 原名仁，又名婴行，浙江崇德 (今桐乡) 人。入浙江省立第一师范，受业于名师李叔同。留学日本，学习西画和音乐，归国后从事美术和音乐。1924年开始发表漫画，成为著名漫画家。解放后，曾任上海美协副主席、主席，上海对外文化协会副会长，上海画院院长等。书法以北碑入手，自成一格。

陈运彰 (1905−1956) 字君谟、蒙安。广东潮阳人，生于上海。早年从周仪研究词学。集藏汉魏唐宋碑拓，考订题跋，颇为精详。书法由宋四家上窥褚遂良，秀逸可爱。易大厂为其刻印二百余方。曾任之江学院、太炎文学院、圣约翰大学教授。

款署、释文：

画页　田翁烂醉身如舞，两个儿童策上船。戊子 (1948) 绿阴，子恺画。

字页　归来解剑亭前路，苍崖半入云涛堆。浪翁醉处今尚□，石田杯饮无樽罍。尔来古意谁复嗣，君有妙语留山隈。至今好事除草棘，常恐野火烧苍苔。陈运彰。

钤印：

丰子恺 (画页白文方印)、丰子恺年五十以后作 (画页右下朱文方印)

蒙庵 (字页朱文长方印)、戊子 (字页起首朱文方印)

田翁爛醉身好舞策上兒童兩個挾扶子禮書

寒具解飢路旁蒼前雪濤崖羊入石田臼抔飲無樽墨小來古意誰涼綱君妙語涸山浪有妙偽石逯如梅

现代　张大千自画像镜心

绢本水墨　纵26.2、横23.1厘米

张大千（1899－1983）原名正权，改名爰，四川内江人。少从母习画，青年时随兄到日本学绘画。回国后曾从李瑞清习诗文书画。后忽耽于佛学，一度为僧，法号大千，未几还俗，以法号行。擅画山水、花卉、人物，尤善写荷花，独树一帜。三十年代与齐白石齐名，并称"南张北齐"。曾去敦煌临摹三年，画风为之一变，善用复笔重彩，丰厚浓重。后又创泼墨、泼彩新貌。

款署：己巳（1929）初夏，大千自写小像，持赠爱棠老兄纪念。

钤印：大千居士（朱文长方印）

附识：这是一幅张大千30周岁自画像，寥寥数笔，形神俱备。大千晚年客居台北时，身边有一位中、英文秘书冯幼衡，相随6年，交情甚为契合。冯曾作长文《大千世界》记述老人生平，其中有一段专写大千自画像，摘录以供共绘：〈自画像最为引人〉"挂在画室中央最醒目的地方，是一幅大千居士的30岁自画像。画中人蓄着黑漆漆的一脸络腮胡，两眼圆黑，凝视前方，其中有多少自信的神采，又有多少意气的昂扬？自画像四周，全是名家题跋。这些名字有吴湖帆、叶恭绰、杨度、谢无量、散原老人、方池山、谭延闿、黄宾虹、溥心畬等32人。……"此幅小像也是大千30岁时所作，也许就是上文所述中堂大像的小样。甚可宝也。

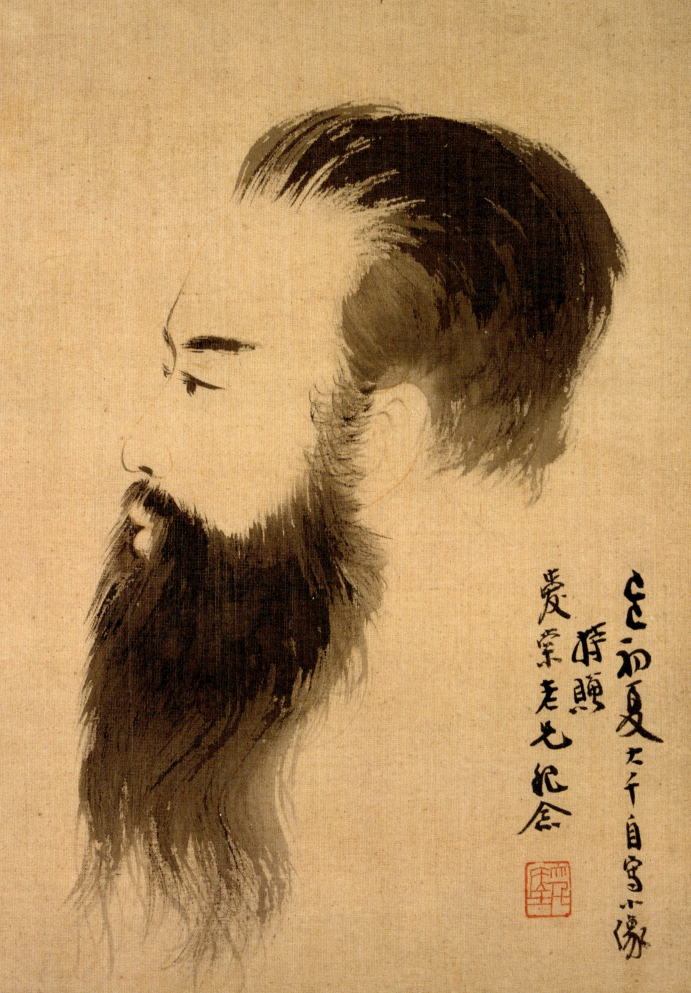

己卯初夏大千自寫小像

将顛

爰棠老兄紀念

[印章]

现代　张大千抚松盘桓图轴

纸本水墨　纵131.5、横49.5 厘米

　　款署: 壬申 (1932) 春日, 大风堂下大千
居士爰。

　　钤印: 张爰印 (白文方印)

现代 陆抑非花鸟图轴

纸本泥金设色 纵96.4、横32.3厘米

陆抑非 (1908－1997) 名冲, 改名翀, 字一飞, 号翀叟, 江苏常熟人。早年在故里从李西山、陈迦庵学画, 后游学于吴湖帆门下。1937年吴氏为其改字抑非。早年任教于上海美专、新华艺专、苏州美专。1959年应潘天寿之邀赴浙江美院任教。擅长花鸟画, 工写皆能。70岁后变法, 笔势纵放, 笔墨生辣。为中国美协会员、中国书协会员、浙江画院顾问、西泠书画院副院长、上海中国画院画师、浙江美术学院教授。

款署: 以介眉寿。

寒枫先生五秩大庆。戊子 (1948) 祀灶日, 陆抑非写祝。

钤印: 陆翀(白文方印)、抑非父(朱文方印)、探微(左下朱文椭圆印)、希放楼(左下朱文方印)

现代　陆俨少山水册页

纸本设色　纵33.1、横32.9厘米

　　陆俨少 (1909－1993) 又名宛若, 上海嘉定人, 擅国画。1956年任上海中国画院画师。1961至1966年,
赴浙江美术学院兼职山水画教师。1980年起, 执教于杭州中国美院。

　　款署: 鹤亭仁丈八十大庆。壬辰 (1952) 三月, 陆俨少画。

　　钤印: 俨少 (白文方印)

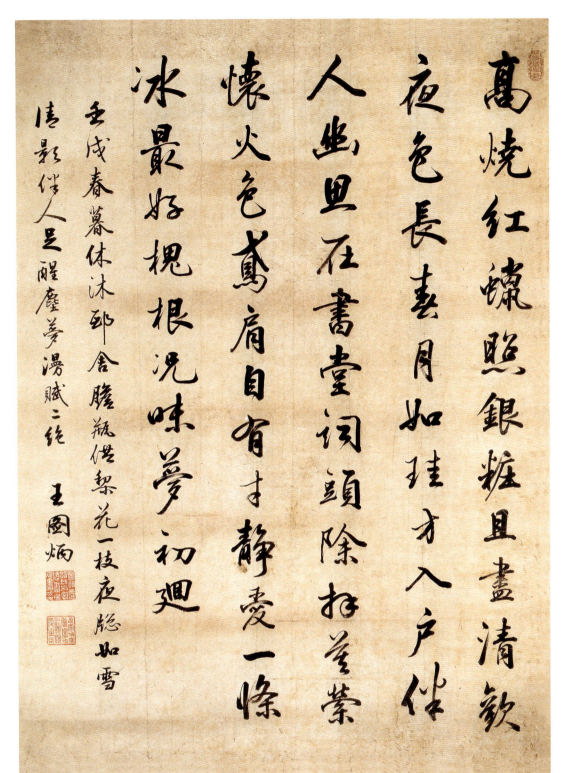

高烧红蜡照银妆且尽清欢
夜色长春月如珪方入户伴
人幽思在书堂词头除拜莫萦
怀火色鸢肩自有才
冰最好槐根况味梦初迴

清影伴人足醒尘梦漫赋二绝
壬戌春暮休沐邸舍胆瓶供梨花一枝夜窗如雪
王图炳

清　王图炳行书轴
纸本墨书　纵98.5、横73.2厘米

王图炳（清）字麟照，华亭（今上海松江）人。项龄子，康熙五十一年（1712）进士，官至礼部侍郎。书得董其昌笔意。

释文　高烧红蜡照银妆，且尽清欢夜色长。春月如珪方入户，伴人幽思在书堂。词头除拜莫萦怀，火色鸢肩自有才。静爱一条冰最好，槐根况味梦初回。

款署：
壬戌（1742）春暮，休沐邸舍，胆瓶供梨花一枝，夜窗如雪，清影伴人，足醒尘梦，漫赋二绝。王图炳。

钤印：
图炳麟照氏别字援香居士书印（白文方印）、少宗伯官詹学士三朝侍从之臣（朱文方印）、御赐清华品望（押首朱文长方双龙印）

清　曹庭栋行草轴

纸本墨书　纵132.7、横34.8厘米

曹庭栋 (1699—1785) 字楷人，号六圃、慈山，浙江嘉善诸生。自言二十二岁学写兰石，至六十七岁始画墨竹。六十以后杜门著述，绘事之外，弹琴、赋诗、摹写篆、隶，以抒寂寥。

释文

邀侣清斋共，堆盘豆荚香。心将高物我，眼不着炎凉。层塔云微吐，空亭树密藏。槛前容放棹，划破水痕苍。烟衮开萝径，茶香品石泉。嘉宾何络绎，清话故缠绵。露竹轻粘粉，风荷小叠钱。良辰端莫负，逝者慨如川。

款署：

戊戌 (1778) 冬，慈山八十翁书。

钤印：

慈山翁 (朱文方印)、在阿波中 (白文方印)、产鹤亭 (起首白文长方印)

清　汤金钊楷书八言联

绢本彩描云龙宫笺　墨书

纵174.6、横33.2厘米

汤金钊 (1773—1856)，一作 (1772—1856) 字敦甫，浙江萧山人。嘉庆四年 (1799) 进士，道光十五年 (1835) 官至吏部尚书，谥文瑞。书法颜真卿，中年临褚、赵，尤能秀润沈稳而有丰神。自七十五岁以后，每日晨起书经二百字，十三经皆遍。

释文：在福则冲为善最乐
　　　君子慎动吉人寡辞

款署：小葊四兄正。汤金钊。

钤印：汤金钊印 (白文方印)、敦甫 (朱文方印)

清 鲁琪光行书七言联

洒金笺墨书 纵124.7、横30.4厘米

鲁琪光（1828-？）字芝友，江
西南丰人。同治七年（1868）进士，
官至济南知府。书法以欧阳询之遒
秀，兼米芾之姿致，乞书者积纸盈
屋，日挥数十幅，未尝厌倦。规模
伪托者不绝，然真赝易辨。

释文：深潭细篆观澂水
　　　叠石层峦拥画屏

款署：仲礼二兄大人雅正。弟
鲁琪光。

钤印：琪光之印（白文方印）、
芝友（朱文方印）

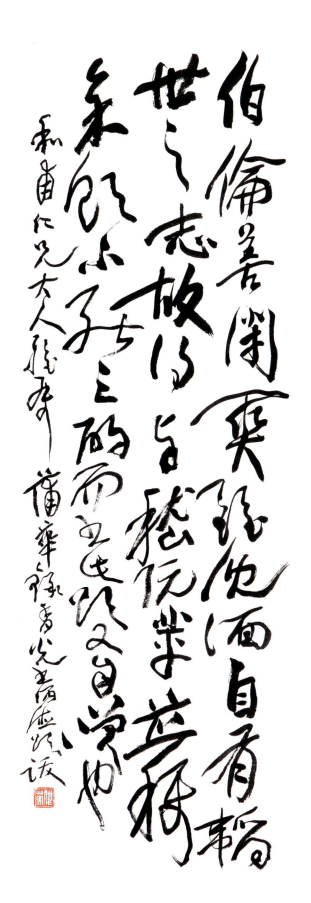

清　蒲华草书轴

纸本墨书　纵110.1、横40.6厘米

　　蒲华(1830—1911)宋元明清书画家年表作(1834—1911)，字作英，一署胥山外史。原名成，字竹英。秀水 (今浙江嘉兴) 人，侨寓上海。草书自谓效吕洞宾、白玉蟾，笔意奔放。早岁画花卉，在徐渭、陈淳间，晚乃画竹，心醉文同，一竿通天，叶若风雨。山水树石，亦淋漓元气，不规规于蹊径。所居曰九琴十砚斋，鬻书、画自给。平素自讳其年，殁后门人捡箧得印章，有曰"庚寅生"，乃知华生于道光十年 (1830) 。卒年八十二。

　　释文、款署:伯伦善闭关，虽沉湎，自有韬世之志，故得与稽、阮辈并称。余饮不能三酌，而书此颂，又自笑也。

　　和甫仁兄大人雅属。蒲华录香光书《酒德颂跋》。

　　钤印:作英 (白文方印)

清 杨守敬隶书五言联

纸本墨书 纵146.4、横38.5厘米

杨守敬 (1839–1914) 字惺吾, 别署邻苏, 湖北宜都人。同治元年 (1862) 举人。善考证, 精鉴别, 治金石学卓有声誉, 尤工四体书, 饶有金石气。画博古小品, 苍润不俗。武汉起义后移居上海, 卖字。卒年七十六。

释文: 观日从太岱

　　寻源访昆仑

款署: 雪庐十二兄法正。集匡喆刻经颂。光绪癸巳 (1893) 十月。弟杨守敬。

钤印: 杨守敬印 (白文方印)、星吾五十以后作 (朱文方印)

近代　吴昌硕篆书七言联

洒金梅红宣墨书　纵167.8、横34.6厘米

　　吴俊卿（1844—1927）原名俊，字昌硕，又字仓石，别号缶庐、苦铁、破荷、老缶、大聋，七十岁以后以字行，浙江安吉人。书法以石鼓文擅长，力透纸背，独具风骨。篆刻不蹈常规，朴茂苍劲，前无古人。尤擅以金石书法入画，气魄厚重，名满天下。卒年八十四。

　　释文：语谓吉翔多厚福

　　　　　心缘谨慎达康衢

　　款署：少山仁兄大雅属句，时乙卯（1915）嘉平，客海上禅龛轩。

　　　　　安吉吴昌硕。

　　钤印：雄甲辰（朱文方印）、俊卿之印（朱文方印）、仓硕（白文方印）

近代　高邕楷书轴

纸本墨书　纵134.5、横36.9厘米

　　高邕（1850—1921）字邕之，仁和（今杭州）人，寓上海。官江苏县丞。工书、好李（邕）法。能以草书作画，孤谐苦心，劬学致病。因好李邕法，自署苦李；甲午（1894）中日战后，改号聋公。宣统元年（1909）在上海豫园创立书画善会，偶作画，陈于会中卖以助赈。画宗八大（朱耷）、石涛（道济），山水花卉神味冷隽，迥不犹人。辛亥革命后，黄冠儒服，卖字为生，更号赤岸山民。善篆刻，少与钱叔盖友善，因辑其手刻，为《未虚室印赏》。卒年七十二。

　　释文：建涅槃像，开甘露门，长沙内史萧沇，振起法鼓演梵言；继拯捶于景，纳贝叶于曾阁。

　　款署：宣统辛亥（1911）夏。高邕　邕之。

　　钤印：高邕（白文方印）、中原书局（白文方印、收藏印）、李盦（起首处朱文椭圆印）

建涅槃像開甘露門長沙內史
萧沇振起法鼓演梵言继捶
於景納貝葉於曾閣
宣統辛亥夏
高邕邕之

近代　沈曾植行书诗轴

描花腊笺墨书　纵198.8、横49厘米

　　沈曾植 (1852－1922) 字子培，号巽斋，一号乙盦，晚号寐叟，别署乙公，浙江嘉兴人。光绪六年 (1880) 进士，官安徽布政史，学识淹博，精研西北史地。书法融合汉隶、北碑、章草为一炉，自成面目。间作山水小幅，淡雅有韵致，惟不多作。

　　释文：

　　楼阁华岩指一弹，来时无相去无缘。法身常住依法位，净域何曾隔净禅。芳草王孙成别传，高楼明月有哀篇。

　　款署：

　　少兰仁兄雅属。寐叟。

　　钤印：

　　海日楼 (白文方印，见附图)

181

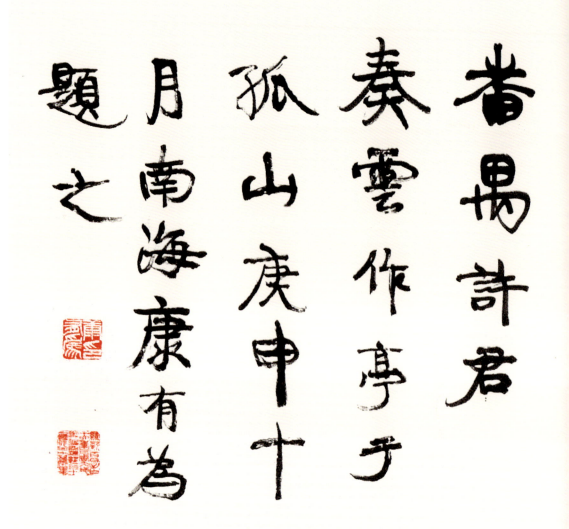

近代　康有为行书题额

纸本墨书　纵45.1横103.6厘米

　　康有为(1858—1927)原名祖诒，字广厦，一字更生，号长素，别署西樵山人，南海（今广东南海）人。以诸生上书清廷，不之省。创强学会，声名藉甚，后经翁同龢力荐于光绪帝，戊戌（1898）佐帝变法维新，为保守派所排挤而失败，亡命海外，考察各国政教。卒年七十。

　　题额：云亭

　　款署：番禺许君奏云作亭于孤山。庚申（1920）十月，南海康有为题之。

　　钤印：康有为印（白文方印）、维新百日出亡十六年三周大地游遍四洲经三十一国行六十万里（朱文方印）

亭雲

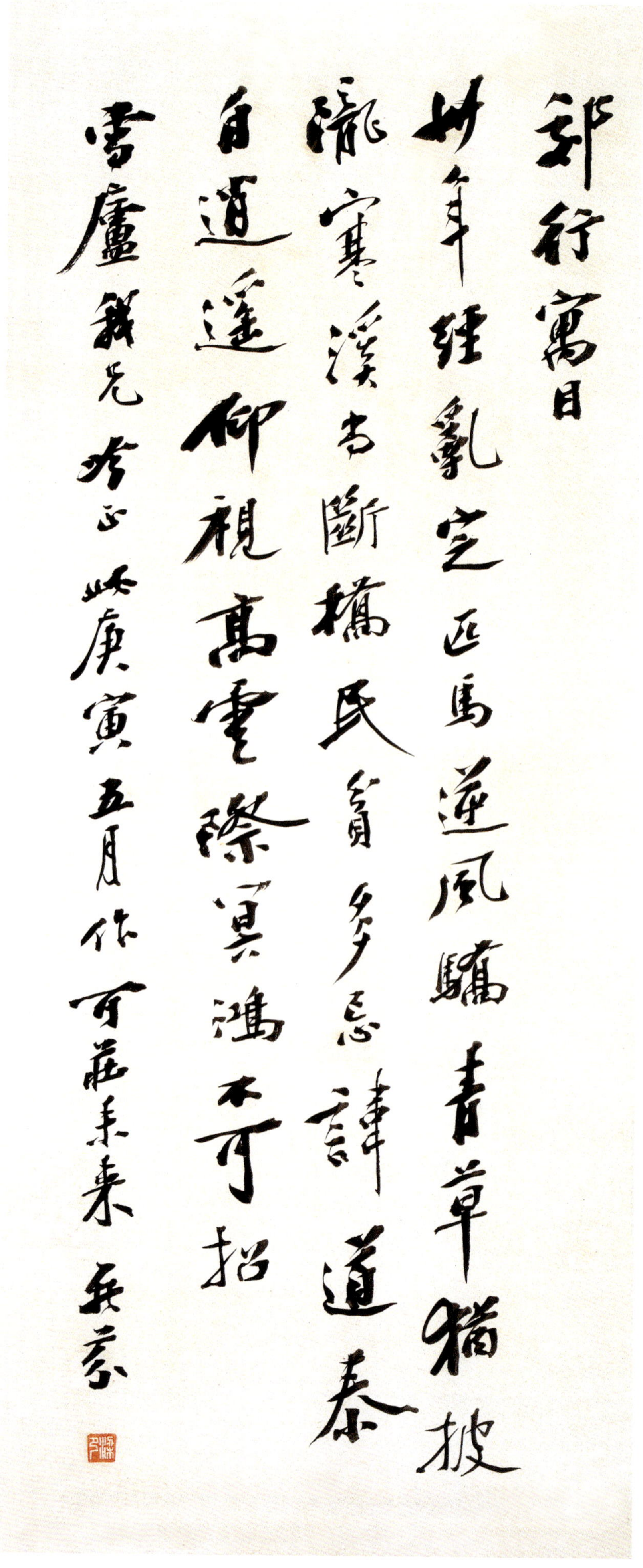

清　梁鼎芬行书轴

纸本墨书　纵65.6、横27.7厘米

　　梁鼎芬（1859—1919）字星海，号节庵，番禺（今广州）人。光绪六年（1880）进士，官至湖北布政使。工诗，字写瘦金体，极挺秀。

释文：郊行寓目

　　卅年经乱定，匹马逆风骄。青草犹披陇，寒溪尚断桥。民贫多忌讳，道泰自逍遥。仰视高云际，冥鸿不可招。

款署：雪庐吾兄吟正，此庚寅（1890）五月作，可庄未来。鼎芬。

钤印：梁节盦（白文方印）

184

集周金文十四字為楹語

瑞人先生粲正

庚午秋日天都黃賓虹撰書

现代　黄宾虹篆书七言联

纸本墨书　纵131.7、横31.5厘米

黄宾虹 (1864—1955) 原名质,字朴存,中年更号宾虹,后以号行,祖籍安徽歙县,生于浙江金华,居杭州。工画山水,受程正揆、李流芳、程邃诸家影响,上追唐宋,驰纵百家,屡经变革,自成面目。平生遍游山川,重视写生,积稿盈万。中年严于用笔,晚年精于用墨。偶作花鸟草虫,亦奇崛有致。善书法,兼治金石文字、篆刻,对画学深有研究。

释文:南海朱门扬旧德
　　　西湖丹鼎辟新居

款署:集周金文十四字为楹语。瑞人先生粲正。庚午 (1930) 秋日,天都黄宾虹撰书。

钤印:宾虹 (白文方印)、原名质 (朱文方印)、上联右钤朱文花押印

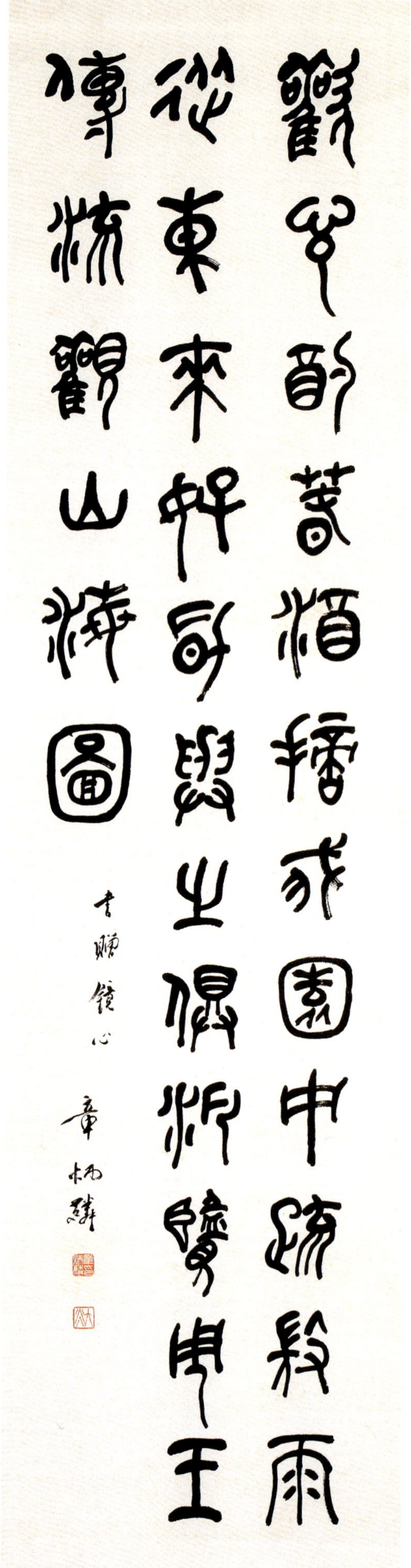

近代　章炳麟篆书轴

纸本墨书　纵149.2、横39.6厘米

　　章炳麟 (1868—1936) 字枚叔，后改名绛，号太
炎，浙江余杭人。早年从事革命，曾参加孙中山同盟
会。博通经史、语言文字学，为中国近代国学大师，著
作丰富。书法以篆书见长，因对金石学造诣深厚，书写
篆书，均有典章溯源可循。所作笔势舒展苍劲，字体
古朴蕴籍，惜不多作。

　　释文：欢心酌春酒，摘我园中蔬。微雨从东来，好
风与之俱。泛览周王传，流观山海图。

　　款署：书赠镜心。章炳麟。

　　钤印：章炳麟印 (白文方印)、太炎 (朱文方印)

寄頏仁兄雅屬

梁啟超

近代　梁启超楷书七言联

纸本墨书　纵132.4、横31厘米

　　梁启超 (1873－1928) 字卓如，号任公，别署中国之新民，广东新会人，康有为弟子。光绪十五年 (1889) 举人，近代著名政治家、文学家。书宗北魏张黑女墓志、隋龙藏寺碑，笔法浑厚，间亦作画。

　　释文：精义入神以致用

　　　　　疏通知远而不诬

　　款署：寄頏仁兄雅属，梁启超。

近代　黄兴行书横幅

纸本墨书　纵33.6、横86厘米

　　黄兴 (1874—1916) 字克强，湖南善化 (今长沙县) 人，中国近代民主革命家。1902年东渡日本留学，1903年回国，秘密从事反清革命活动，1904年与陈天华、宋仁教组织华兴会，1905年与孙中山共同组织同盟会。1912年中华民国成立时，黄兴任南京临时政府陆军总长兼参谋总长。1913年"二次革命"失败后流亡日本，后又辗转美国，1916年回国，因病于上海逝世。

　　释文：浩然。

　　款署：志成兄大鉴。黄兴。

　　钤印：黄兴之印 (白文方印)、克强所作 (朱文方印)

其它

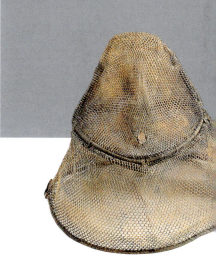

新石器时代　木井

高163、直径45×63、壁厚5厘米

　　系用原生木段剖为两半，挖空后拼合，并用长榫固定而成，断面呈椭圆形，口部略残。

明　金丝发罩

高8.4、直径8.7厘米，

　　簪长分别为8厘米、5.5厘米

金质，发罩为圆锥形，网状。附两

根金簪。

清 绳安大和尚木雕肖像

高13厘米

　　黄杨木，雕一和尚席地而坐，右手拿佛珠，略残。左侧刻"绳安大和尚之像戊辰年正月盐官陈廷荣写"。

后　记

嘉善博物馆建馆二十余年来，经过几代人的努力，藏品不断增加，从调查、征集、鉴定、修复、建档到保管，做了大量具体的工作。

文博战线的几代人，一直以来，总想把馆藏文物拣其要者，集成一册出版，希冀展示馆藏文物之风采，彰显嘉善历史文化的深厚底蕴。今日《嘉华天宝——嘉善县博物馆馆藏文物精选》一书得以付梓，终于遂愿。

馆藏品分石器、陶瓷器、玉器、铜器、书画等章，凡入选者，都经过有关专家鉴定，属藏品之佳者。因为本书容量有限，一些档次相当高的藏品未得入录。馆藏钱币、印章、古墨等尚有待整理。

馆藏文物取得如此丰硕成果，首先得感谢几十年来在此战线勤奋工作的老同志，尤其是陈华宗、何焕、徐耀祖、韩金梅、朱瑞明等。

在本书编辑过程中，陈华宗先生更是给予十分具体而认真的指导。全馆同仁为此书全力以赴，在藏品拍摄、文字整理、各方联络等做了大量工作。

徐一鸣承担了部分藏品拍摄任务。

特别感谢浙江省文物局局长鲍贤伦先生在百忙中为本书题辞。

由于嘉善县文化广电新闻出版局领导重视，专家关注和有关方面帮助，本书得以顺利出版，在此深表感谢。缘于学术水平局限，本书难免有舛误，敬祈读者赐教。

编委会

2009年7月